O DESAFIO DA
REFORMA POLÍTICA
conseqüências dos sistemas eleitorais de listas aberta e fechada

Cristian Klein

O DESAFIO DA
REFORMA POLÍTICA

conseqüências dos sistemas eleitorais de listas aberta e fechada

Rio de Janeiro
2007

*m*auad X

Copyright @ by Cristian Klein, 2007

Direitos desta edição reservados à
MAUAD Editora Ltda.
Rua Joaquim Silva, 98, 5º andar
Lapa — Rio de Janeiro — RJ — CEP: 20241-110
Tel.: (21) 3479.7422 — Fax: (21) 3479.7400
www.mauad.com.br

Projeto Gráfico:
Núcleo de Arte/Mauad Editora

CIP-BRASIL. CATALOGAÇÃO-NA-FONTE
SINDICATO NACIONAL DOS EDITORES DE LIVROS, RJ.

K72d

Klein, Cristian

O desafio da reforma política – conseqüências dos sistemas eleitorais de listas aberta e fechada / Cristian Klein. - Rio de Janeiro : Mauad X, 2007.

Inclui bibliografia

ISBN 978-85-7478-217-1

1. Eleições - Brasil. 2. Voto - Brasil. 3. I. Título.

07-1383.　　　　　　　　　　　　　　CDD: 324.630981
　　　　　　　　　　　　　　　　　　CDU: 324.82(81)

Para Marina e Julia

AGRADECIMENTOS

Este livro é resultado da dissertação que defendi no Mestrado de Ciência Política do Instituto Universitário de Pesquisas do Rio de Janeiro (Iuperj). Logo, em primeiro lugar, gostaria de agradecer à minha orientadora, Argelina Figueiredo, pelo incentivo e pela iluminação constantes no aperfeiçoamento desta pesquisa até a sua edição. Sem constrangimento de recorrer a dois clichês, este trabalho teria sido impossível sem ela, embora qualquer deficiência nas páginas que se seguem seja apenas de minha responsabilidade.

Agradecimentos especiais devo a Jairo Nicolau e a Alessandra Aldé, membros da banca examinadora, pelas críticas e sugestões que incorporei ao texto original. A Fabiano Santos agradeço pela oferta de valiosos cursos, um deles em parceria com Jens Borchert, professor da Universidade de Frankfurt (Alemanha), que, por sua vez, contribuiu com generosos conselhos quando o projeto estava em sua fase embrionária.

Ao editor Alberto Schprejer e aos jornalistas e amigos Ricardo Benevides, Roberto Assaf, Dimmi Amora e Mário Magalhães agradeço pela ajuda na etapa de publicação do trabalho.

À Coordenação de Aperfeiçoamento de Pessoal de Nível Superior (Capes) sou grato pela bolsa de pesquisa. Aos meus pais, Carlos e Vilceia, que financiaram as primeiras "bolsas de estudo", e à minha irmã, Lílian, devo a dívida impagável da educação e do afeto que me deram.

Por fim, devo um agradecimento mais do que especial à Julia que, pacientemente, dividiu o marido com os livros, e à Marina, filha cujo sorriso é a minha felicidade. A elas eu dedico este trabalho.

ÍNDICE

Prefácio – *Fabiano Santos* — **11**

Introdução — **15**

Capítulo 1 – **Os sistemas eleitorais e seus efeitos** — **23**
1.1 – As conseqüências — 36
1.2 – Efeitos psicológicos e mecânicos — 39
1.3 – Atores e arenas — 40

Capítulo 2 – **Efeitos esperados e impactos das listas aberta e fechada na arena eleitoral** — **43**
2.1 – Sobre o eleitor — 43
2.2 – Sobre o candidato — 54
2.3 – Sobre o partido como organização — 72

Capítulo 3 – **Efeitos esperados e impactos das listas aberta e fechada na arena legislativa** — **81**
3.1 – Sobre o deputado — 81
3.2 – Sobre o partido parlamentar — 92

Capítulo 4 – **Efeitos esperados e impactos das listas aberta e fechada na arena governamental** — **95**

Conclusões — **101**

Bibliografia — **105**

PREFÁCIO

Alerta Democrático

É apenas aparente a despretensão do livro de Cristian Klein. Extraído de sua dissertação de Mestrado em Ciência Política, defendida no final de dezembro de 2006 no Iuperj, o trabalho também impressiona pouco pelas modestas dimensões. O leitor não se deve deixar enganar – trata-se de brilhante análise política, do início ao fim.

São diversas as qualidades e começarei meus comentários pela mais óbvia. O tema da reforma política há muito tempo tomou conta do espaço público brasileiro, pautando jornais, discursos de políticos, em campanha ou não, e boa parte da agenda acadêmica de cientistas sociais diversos e não apenas dos cientistas políticos. Em particular, e isto no âmbito da discussão mais especializada, à questão da lista aberta no sistema proporcional (doravante chamado de Spla, isto é, Sistema Proporcional de Lista Aberta) tem sido dedicado enorme esforço de análise e para sugestões de aperfeiçoamento. Chega-se a comentar, em diferentes círculos de discussão e debate, que a adoção da lista fechada é um dos pontos consensuais da reforma política, ponto defendido pelo atual governo e diversas lideranças da oposição.

A primeira qualidade importante do livro de Cristian Klein, por conseguinte, é enfrentar, de maneira corajosa e sem concessões, tema vital no debate contemporâneo sobre as instituições democráticas no Brasil. E o que é ainda mais relevante – o faz de forma clara e precisa, resgatando os principais pontos da discussão, tal como ela se apresenta na atual literatura em Ciência Política, sem deixar de tomar posição frente aos temas levantados. Neste ponto, é necessário enfatizar a contribuição que o livro traz para o debate público – a utilização feita por Cristian dos textos fundamentais é simplesmente demolidora dos argumentos em favor da mudança institucional quanto ao tipo de lista utilizado no sistema proporcional. Aqui começamos a tratar de qualidades não tão óbvias do livro.

As críticas ao Spla são várias; em geral, contudo, giram em torno de uma proposição básica: o modo pelo qual os representantes são eleitos produz efeitos sobre seu comportamento *vis-à-vis* seus eleitores, o partido pelo qual tais representantes foram eleitos, o Legislativo como organização e o governo, representado pelo Poder Executivo. Em todas essas frentes, dizem os críticos, o Spla é responsável pela produção de sérios problemas, com repercussão imediata para a qualidade da democracia. Males como excessiva fragmentação partidária, escassa identidade partidária no eleitorado, dificuldades para a prestação de contas, irresponsabilidade fiscal, indisciplina partidária, altos custos para a articulação de maiorias, clientelismo e corrupção são vistos como decorrência da natureza individualizada e personalizada que se estabelece entre deputados federais e eleitores no âmbito do Spla.

O levantamento bibliográfico, rico em remissões de política comparada, combate ponto a ponto as críticas tão levianamente feitas em diversas ocasiões. Passagens especialmente ricas referem-se às experiências da Venezuela e Bolívia, nações que ainda sofrem graves problemas de institucionalização política como efeito, aí sim sem grandes margens para questionamento, da operação de listas partidárias fechadas. O argumento de Cristian é simples e direto: a transferência de soberania de eleitores para as lideranças partidárias embutida na passagem da lista aberta para a fechada pode trazer, tal como ocorreu nesses países, enorme dificuldade de comunicação dos políticos com os eleitores, acarretando, como conseqüência, dramático afastamento da população relativamente ao mundo da representação política.

Na mesma linha, *O Desafio da Reforma Política* derruba a suposta e imensamente divulgada baixa identificação partidária dos eleitores em nosso país (tida, por óbvio, como decorrência do Spla). Através, mais uma vez, da menção de estudos recentes de política comparada, temos a informação crucial de serem as taxas de simpatia dos eleitores pelos diversos partidos acima da média mundial, acima de diversos países que adotam a lista fechada, perfeitamente compatível, em suma, com uma democracia dotada de sistema partidário institucionalizado.

Pelos motivos delineados acima, e vários outros, a leitura do livro de Cristian Klein é obrigatória. É obrigatória para as lideranças políticas a quem cabe tomar decisões com força de lei, obrigatória aos jornalistas, cientistas políticos e formadores de opinião que se vêem no direito de sugerir, em tom muitas vezes de assédio moral, intervenções dramáticas em nossas instituições. Mas é sobretudo obrigatória para o leitor comum, o mero eleitor, vítima potencial de uma reforma que nos fará a todos levar gato por lebre. *O Desafio da Reforma Política* vem em boa hora, tanto como análise política quanto como alerta democrático.

Fabiano Santos
Cientista político, coordenador do Núcleo de Estudos sobre o Congresso (Necon) e professor do Instituto Universitário de Pesquisas do Rio de Janeiro (Iuperj)

INTRODUÇÃO

Desde a redemocratização, na década de 1980, o sistema político brasileiro tem sido alvo de pesadas e reiteradas críticas a respeito de seu funcionamento. Muitos são os defeitos atribuídos – justa ou injustamente – às suas instituições. Entre as principais mazelas apontadas por observadores, nativos ou estrangeiros, figuram 1) um sistema partidário fragmentado que ameaçaria a governabilidade e a estabilidade do regime democrático; 2) a ausência de partidos fortes, isto é, disciplinados, coesos, programáticos e, logo, capazes de estruturar as preferências políticas dos eleitores; 3) a falta de vínculos estreitos entre os parlamentares e seus representados; 4) a proliferação de políticos individualistas, que, quando se aproximam dos eleitores, cultivam uma relação clientelista, oferecendo bens e serviços particularistas em troca de votos; 5) a corrupção, estimulada pelas regras de financiamento de campanha.

Embora esse diagnóstico já não encontre tantos defensores entre os acadêmicos, sobretudo depois da publicação dos resultados da pesquisa empírica feita por Figueiredo e Limongi (1999), a visão extremamente negativa sobre o arcabouço institucional brasileiro ainda é compartilhada pela imprensa e pela opinião pública, atores fundamentais que têm exercido pressão por mudanças, algumas radicais do ponto de vista da estrutura institucional vigente. A palavra de ordem, que nos anos 60 havia sido revolução e nos anos 80 foi redemocratização, hoje é, cada vez mais, reforma.

Personagens ainda mais fundamentais, pois qualquer alteração no *status quo* passa necessariamente pelo seu crivo, os políticos têm, finalmente, respondido aos apelos – até por uma questão de sobrevivência. Em função dos escândalos de corrupção de 2005 e 2006, a reforma política entrou na agenda pública com uma força inédita. Foi tema constante nas últimas campanhas presidencial e legislativa e tornou-se uma das três prioridades de governo do presidente reeleito, Luiz Inácio Lula da Silva, cujo partido, o PT, esteve no epicentro da crise política.

A situação parece ter chegado ao ponto que Shugart (2001) considera como propício para a concretização de toda reforma institucional: quando se dá a conjunção de fatores inerentes – ou seja, uma notória insatisfação em relação ao funcionamento de certa instituição – e fatores contingentes – por exemplo, crises políticas ou econômicas agudas.

O argumento de Shugart – como o de boa parte dos especialistas em reformas institucionais – é o de que apenas o irrompimento de fatores extraordinários é capaz de abalar a inércia natural dos políticos, pois esses seriam refratários às mudanças das regras do jogo, já que foram eleitos e se beneficiam dessas mesmas regras.

O problema, no caso brasileiro, é que a erupção de fatores contingentes acontece num momento em que os fatores inerentes estão numa fase de questionamento. Antigas teses são revistas e muito ainda há que se pesquisar, antes que visões impressionistas pautem uma reforma de afogadilho. Os partidos brasileiros são realmente fracos, como afirma o senso comum? Há alguma relação entre corrupção e regras eleitorais? As mudanças propostas teriam, de fato, o resultado desejado?

Instituições políticas não são perfeitas. Essa é uma das principais razões para que tantos países tenham passado por reformas nos últimos anos. Por outro lado, essa afirmação também explica por que muitas reformas não produziram o efeito esperado. Não há um sistema ideal. Experiências internacionais mostram os riscos de se adotar uma instituição e trocar defeitos antigos por novos, como ocorreu na Venezuela (Kulisheck e Crisp, 2001) e na Nova Zelândia (Barker *et al.*, 2001).

Essas lições, contudo, não implicam acomodação, paralisia ou rendição diante dos males percebidos, e sim apenas a necessidade de se manterem princípios de racionalidade, mesmo quando e, principalmente, se o ambiente estiver tomado pelo clima emocional que cerca as grandes crises. Nesses contextos, discursos exaltados chegam a defender que a situação, "pior do que está, não pode ficar". Sim, pode.

Soares e Rennó (2006, p.10) ressaltam que toda reforma institucional deve envolver dois questionamentos indispensáveis: 1) se as mudanças são necessárias ou não; e 2) quais são os custos e benefícios da mudança. "O diagnóstico dos problemas existentes é importante, mas também é fundamental fazer uma simulação das conseqüências das mudanças. É exatamente nesse momento que a contribuição dos analistas da política se torna imprescindível".

As duas instituições políticas mais antigas no Brasil, o sistema de governo e o sistema eleitoral, são freqüentemente os principais focos de descontentamento. O presidencialismo, em 117 anos, sofreu apenas um interregno parlamentarista, entre setembro de 1961 e janeiro de 1963, quando retornou por meio de plebiscito. Trinta anos depois, foi novamente testado em 1993, também em plebiscito, e derrubou a proposta parlamentarista, arrefecendo os ímpetos de mudança em relação ao sistema de governo.

Desde então as queixas voltaram-se, sobretudo, para o sistema eleitoral. O Brasil adota o sistema de representação proporcional de lista aberta, desde 1945, para as eleições legislativas nos níveis local (vereador), regional (deputado estadual) e nacional (deputado federal). Em contraste com o sistema de lista fechada, pelo qual os cidadãos só votam em partidos, a lista aberta permite que os eleitores escolham um candidato entre os nomes apresentados pelas agremiações políticas.

Críticos do sistema proporcional de lista aberta lhe atribuem a responsabilidade por uma série de problemas tidos como endêmicos no Brasil: o alto grau de individualismo dos políticos, a competição entre candidatos da mesma legenda e o enfraquecimento dos partidos, para citar apenas alguns. A lista aberta, ao possibilitar que os eleitores votem em candidatos individuais, incentivaria excessivamente o cultivo do voto pessoal em detrimento do cultivo do voto partidário. Eis a suposta origem dos males.

Em conseqüência, o fim da lista aberta vem sendo defendido como ponto-chave da reforma por políticos, jornalistas, acadêmicos e cidadãos interessados no tema. Mas o que viria a substituí-la? Enormes divergências surgem a partir daqui. Três fórmulas bastante distintas entre si dividem a preferência dos reformadores, cada uma representando as três grandes matrizes de sistemas eleitorais: o sistema majoritário de maioria simples (mais conhecido como voto distrital), o sistema proporcional de lista fechada e o sistema distrital misto.

Defensores do sistema de maioria simples destacam a capacidade desse modelo de estreitar os laços entre representantes e representados – uma vez que cada deputado é eleito em um pequeno distrito eleitoral uninominal – além de, em longo prazo, devido aos seus efeitos psicológicos e mecânicos, reduzir o número de partidos, favorecendo a governabilidade[1].

Simpatizantes do sistema proporcional de lista fechada enfatizam a capacidade dessa fórmula de fortalecer os partidos políticos como os principais agentes da representação. Na medida em que os eleitores só votam na legenda, as campanhas eleitorais não são feitas em torno da imagem de candidatos individuais. Os nomes mais bem posicionados na lista – preordenada pelo partido e fechada à intervenção dos eleitores – são os eleitos. Os deputados devem seu mandato, essencialmente, à agremiação que os elegeu e não aos seus esforços pessoais de campanha.

Adeptos do distrital misto elogiam o potencial desse sistema de juntar o "melhor dos dois mundos", o majoritário e o proporcional (Shugart e Wattenberg, 2001). O modelo clássico é o alemão e combina os dois sistemas acima. O eleitor dá dois votos: um para o candidato a deputado de sua preferência no distrito (sistema de maioria simples) e outro voto para o seu partido predileto (lista fechada). Metade das cadeiras do Parlamento é distribuída aos candidatos eleitos nos distritos uninominais e a outra metade é destinada aos candidatos que ocupam as primeiras posições nas listas partidárias.

---

[1] Detalhes sobre os impactos do sistema de maioria simples e de outros sistemas eleitorais estão no capítulo 1.

O objetivo deste trabalho é fazer um diagnóstico do sistema de lista aberta, adotado no Brasil, em comparação com o de lista fechada, tendo em vista o grau de necessidade, os custos e os benefícios de uma possível mudança. O sistema de lista fechada, entre os três modelos que concentram as opções de reforma eleitoral, foi o escolhido para a análise comparativa pelos seguintes motivos:

Em primeiro lugar, porque sua discussão já contempla assuntos referentes ao sistema distrital misto, cuja esfera de representação proporcional implica, tipicamente, o uso da lista fechada. Em segundo lugar, porque o sistema de maioria simples representaria um movimento radical de um modelo de representação bastante proporcional, como o brasileiro, em direção ao modelo clássico majoritário. Além de ser fortemente desaconselhada em termos de engenharia institucional, essa mudança brusca estaria na contramão de várias iniciativas realizadas nos últimos anos, quando países majoritários migraram para sistemas mais proporcionais (como a Nova Zelândia) ou passaram a debater essa migração (como o Reino Unido). Em terceiro lugar, porque, embora o assunto cause um racha de opiniões entre os partidos e dentro dos próprios partidos, a introdução da lista fechada tornou-se a proposta de reforma mais consolidada, por meio do projeto de lei 2.679/2003, da Comissão Especial de Reforma Política.

Instituída em 2003, na Câmara dos Deputados, essa comissão especial teve o papel de estudar a diversidade de projetos de reforma política apresentados individualmente por parlamentares da casa nos anos anteriores e redigir uma proposta unificada sobre o tema. A comissão, presidida pelo deputado Alexandre Cardoso (PSB-RJ) e relatada pelo deputado Ronaldo Caiado (DEM-GO), aprovou o parecer do relator em 13 de dezembro de 2003. Além de propor a lista fechada para todos os cargos legislativos (vereador e deputados estadual e federal), o projeto incluiu outras alterações como a restrição das coligações eleitorais apenas para as eleições a cargos majoritários; a criação de federações partidárias para as eleições a cargos proporcionais; e o financiamento exclusivamente público para as campanhas eleitorais.

Dentro desse pacote de tentativas de mudanças, a adoção da lista fechada seria a medida de maior impacto para o sistema político. Para analisar os seus efeitos, em comparação ao atual sistema de lista aberta, dividimos este trabalho em quatro capítulos.

No capítulo 1, apresentamos uma breve introdução aos sistemas eleitorais e apontamos os efeitos mecânicos e psicológicos que eles são capazes de produzir. No capítulo 2, mostramos as conseqüências das listas aberta e fechada na arena eleitoral e destacamos os três principais atores neste âmbito: o eleitor, o candidato e o partido como organização. Entre os temas abordados, estão: liberdade de escolha dos eleitores, custos de informação, identificação partidária, personalismo, competição intrapartidária, gastos de campanha, corrupção e oligarquização partidária. Neste, como nos dois capítulos seguintes, a análise utiliza como parâmetro a comparação entre os efeitos esperados e os de fato produzidos pelos dois tipos de lista. No capítulo 3, verificamos os efeitos das listas aberta e fechada sobre a arena legislativa, enfocando dois atores: o deputado e o partido parlamentar, o que nos levou a examinar questões referentes a *accountability*, clientelismo, indisciplina, infidelidade e coesão partidárias. No capítulo 4, discutimos o impacto dos dois modelos sobre a arena governamental, especialmente no que diz respeito às relações entre o Executivo e o Legislativo, tendo como assunto principal a governabilidade.

Para realizar a tarefa, este trabalho lançou mão de uma extensa literatura que aborda o problema tanto do ponto de vista teórico quanto por meio da análise de experiências concretas de reformas eleitorais. Nesse esforço, foi preciso, muitas vezes, desvendar estradas vicinais dentro da bibliografia. Livros que representem grandes avenidas de conhecimento sobre as conseqüências políticas dos sistemas de lista ainda são raros. Isso porque, tradicionalmente, a maior parte da literatura sobre sistemas eleitorais se concentra na chamada dimensão interpartidária, focalizando o efeito das regras eleitorais na quantidade de partidos e no grau de proporcionalidade entre o número de votos e o número de cadeiras legislativas obtidos pelas agremiações.

No entanto, a função de uma fórmula eleitoral não é só a de alocar cadeiras para partidos, mas também a de alocar cadeiras para candidatos específicos dentro dos partidos, o que tem sérias repercussões para o sistema político como um todo. Pouca atenção é dada a essa dimensão intrapartidária dos sistemas eleitorais. Este trabalho pretende contribuir para esse campo de pesquisa. Outra preocupação inegável é colaborar – dentro dos parâmetros de uma análise objetiva – para o debate sobre a reforma política, um tema que, para o bem e para o mal, envolve princípios, interesses e imaginação.

CAPÍTULO 1

Os sistemas eleitorais e seus efeitos

Eleições são uma condição necessária para a democracia – embora não suficiente. Em primeiro lugar, porque há eleições em regimes autoritários e pseudodemocráticos[2]. Em segundo lugar, porque, pela sua própria natureza, as disputas eleitorais contêm uma face democrática e outra aristocrática: ao mesmo tempo que se baseiam na noção igualitária de "um homem, um voto", levam os cidadãos a escolherem representantes tidos como superiores em algum atributo valorizado pela população. Não à toa, os termos eleição e elite têm a mesma origem etimológica (Manin, 1997)[3]. A despeito disso, é a eleição, e não o sorteio, o método de seleção por excelência da tradição democrática.

Eleições são regidas por regras eleitorais. Parte destas normas está relacionada ao uso de referendos, aos gastos de campanha e à veiculação de propaganda política (Blais e Massicotte, 2002). Outra parte, chamada de sistema eleitoral, determina, em última instância, como votos dados pelos eleitores transformam-se em poder ou – mais especificamente nas eleições para o Parlamento – em cadeiras legislativas.

Os sistemas eleitorais são conjuntos de leis e regras partidárias que regulam a competição eleitoral entre e no interior dos partidos (Cox,

---

[2] A história está repleta de casos que correspondem aos chamados sistemas não competitivos de partido único, como na antiga União Soviética, e de partido hegemônico, como se deu no México (Sartori, 1982). Para ficarmos com um exemplo mais próximo, o regime militar instaurado no Brasil, em 1964, não aboliu as eleições legislativas, realizadas sob um bipartidarismo forçado.

[3] Segundo Manin, o eleitor escolhe o candidato que tem uma qualidade que ele mesmo não tem, mas a valoriza, ou aquele que mais se aproxima da qualidade que ele tem. Em todo caso, a situação força o cidadão a escolher sempre em termos do candidato que apresenta "mais" alguma coisa. No entanto, o escolhido não precisa ser, de fato, superior. O que importa é a superioridade percebida.

1997, p.38)[4]. Essa definição nos remete às duas principais dimensões dos sistemas eleitorais: a interpartidária e a intrapartidária. Segundo Shugart e Wattenberg (2001, p.2), a dimensão interpartidária "refere-se ao modo pelo qual a representação é alocada entre os partidos, e como os governos são formados", enquanto a dimensão intrapartidária reflete "como a representação é alocada dentro dos partidos, e o grau com que os legisladores cultivam votos pessoais *versus* votos partidários". No que se refere a ambas as dimensões, as regras eleitorais podem ser justas, mas não neutras. Elas expressam visões normativas sobre o que deve ser priorizado numa sociedade política e condicionam as chances de sucesso de partidos e candidatos. Sistemas distintos aplicados sobre a mesma distribuição de votos produzem resultados diferentes. Nas eleições de fevereiro de 1974, no Reino Unido, por exemplo, o Partido Liberal obteve 19,3% dos votos nacionais, mas, por causa do sistema majoritário, só recebeu 2,2% das cadeiras no Parlamento. Se as regras fossem proporcionais, os liberais teriam conseguido, nessa mesma eleição, uma bancada oito vezes maior.

Dimensão interpartidária

Na dimensão interpartidária, debates sobre sistemas eleitorais baseiam-se em duas visões normativas fundamentais e antagônicas: numa se prefere eficiência/governabilidade e a outra ressalta o valor da representatividade (Shugart e Carey, 1992). Como não podem ser maximizados ao mesmo tempo, esses dois princípios políticos implicam sistemas eleitorais em que se ganha de um lado mas perde-se do outro. Esse *trade-off* existe em todas as democracias representativas.

---

[4] Para Cox, os sistemas eleitorais têm quatro aspectos: 1) as leis e regras que regulam como os partidos indicam seus candidatos; 2) como os cidadãos votam e como esses votos são contados; 3) qual a estrutura do distrito eleitoral; e 4) como os votos contados são traduzidos em cadeiras. "O segundo, o terceiro e o quarto aspectos são determinados pela lei eleitoral, o primeiro pela combinação de lei e regras partidárias" (1997, p.38).

Se a representação dos indivíduos cresce, a representação da coletividade diminui (Cain et al., 1987).

Há três grandes modelos de representação: o majoritário, o proporcional e o misto. Sistemas eleitorais majoritários priorizam a governabilidade. Mais do que representar fielmente as tendências políticas da sociedade, espera-se que eles sejam capazes de produzir governo, de preferência composto de um único partido (Nicolau, 1993). As principais fórmulas eleitorais majoritárias são as regras da maioria simples, também denominada pluralidade[5] (Canadá, Estados Unidos, Reino Unido, entre outros), da maioria em dois turnos (França) e o voto alternativo[6] (Austrália). Grande parte dos países majoritários está ligada à tradição britânica. Entre as maiores democracias do mundo[7], 21% elegem seus representantes da câmara baixa por esse modelo (LeDuc et al., 2002).

Sistemas proporcionais priorizam a representatividade. Seus defensores argumentam que a função primordial de um sistema eleitoral é espelhar a diversidade da população no Parlamento. Há dois tipos de sistemas proporcionais: o *single transferable vote* (STV) ou voto único transferível, utilizado na Irlanda, onde o eleitor ordena seus candidatos de preferência, independentemente dos partidos, e os sistemas de lista partidária (mais usualmente fechadas), modelo adotado pela maioria dos países da Europa continental e da América Latina. Cinqüenta e oito por cento das maiores democracias são proporcionais.

Sistemas mistos, também chamados de híbridos ou combinados, procuram misturar os dois princípios e são mais complexos. Há pelo menos três maneiras de combiná-los numa única eleição (Blais e Massicotte, 2002). O modo mais simples é pela coexistência, isto é, quando parte dos

---

[5] O termo pluralidade – no sentido de conquistar o maior número de votos, quando menos que a maioria absoluta – vem do inglês *plurality*. O sistema também é conhecido como *first-past-the-post* (FPTP).

[6] Para mais detalhes sobre o funcionamento dos subsistemas citados, ver Nicolau (1993), Farrell (2001) e Blais e Massicotte (2002).

[7] Os autores selecionaram 58 países com mais de 3 milhões de habitantes e que obtiveram de um a três pontos no índice de direitos políticos e liberdades civis da Freedom House. Esses países continham 55% da população mundial na virada do milênio.

distritos eleitorais tem um número bastante reduzido de cadeiras (o que leva a resultados majoritários nessas circunscrições) e outra parte tem um número elevado de cadeiras (o que produz resultados proporcionais nesses distritos). Nenhuma das 58 maiores democracias utiliza essa mistura para a câmara baixa, apenas a França, para o Senado. O segundo tipo de sistemas mistos elege os parlamentares pelo método paralelo ou da superposição de níveis, isto é, há um nível majoritário e outro proporcional. No Japão, por exemplo, 300 deputados são eleitos pela regra da maioria simples, no nível majoritário, e outros 180 são eleitos em 11 distritos regionais segundo regras proporcionais. Taiwan também adota, com variações, esse modelo. O terceiro tipo misto, o método da correção, é semelhante ao anterior[8], mas com uma diferença importante: os níveis não são independentes um do outro. O nível proporcional distribui as cadeiras de modo a corrigir as distorções criadas pelo nível majoritário. Esse modelo é utilizado pela Alemanha, país que o inventou, e é adotado por México, Nova Zelândia, entre outros. Os sistemas mistos regem as eleições para as câmaras baixas de 21% das maiores democracias.[9]

Figura 1

**Sistemas eleitorais
das maiores democracias**

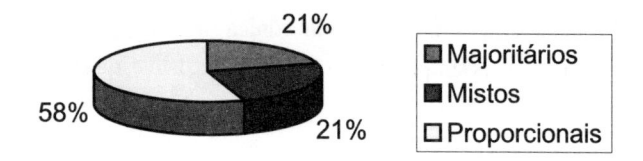

58% — 21% — 21%

- Majoritários
- Mistos
- Proporcionais

---

[8] Essas duas categorias englobam o chamado sistema distrital misto (alemão) ou *mixed-member*. Shugart e Wattenberg (2001) o subdividem de outra maneira: *mixed-member majoritarian* (MMM) e *mixed-member proportional* (MMP).

[9] Blais e Massicotte e LeDuc *et al.* incluem a Hungria, cujo sistema é um dos mais complexos do mundo, numa quarta categoria, a dos supermistos, enquanto Shugart e Wattenberg (2001, p.15) preferem classificá-lo como um sistema misto paralelo com correção parcial.

Um país pode usar o mesmo sistema para eleições em todas as esferas de governo ou escolher diferentes sistemas para diferentes esferas.

O Brasil adota o sistema majoritário de dois turnos na eleição para a Presidência da República, o de maioria simples para o Senado Federal e o sistema proporcional de lista para a Câmara dos Deputados, que é o foco deste trabalho.

Não é possível determinar que um método seja melhor do que o outro. Não há sistema eleitoral perfeito, e sim mais ou menos adequado aos princípios que se querem ou se devem atender. Eleições que visam preencher uma única cadeira, como a de presidente da República, serão, necessariamente, majoritárias e o valor da magnitude do distrito é um. Quanto maior a magnitude do distrito (M), maior a capacidade de um sistema atender a critérios de proporcionalidade[10]. Isso é maximizado nas eleições legislativas quando há um grande distrito nacional, como ocorre em Israel (M=120), Holanda e Eslováquia (ambos M=150), onde a magnitude do distrito é igual ao número de cadeiras do Parlamento. E é minimizado ao extremo quando ocorre o oposto e os países esquadrinham seu território em tantos distritos eleitorais quantos são os assentos parlamentares, criando distritos de M=1 e, logo, sistemas obrigatoriamente majoritários. A grande maioria das democracias, porém, está entre esses extremos.

Em vários países, os distritos eleitorais respeitam fronteiras de subdivisões administrativas. Na eleição para a Câmara dos Deputados, no Brasil, os distritos correspondem às unidades da federação e suas magnitudes variam entre oito (Acre, Amapá, Amazonas, Distrito Federal, Mato Grosso, Mato Grosso do Sul, Rio Grande do Norte, Rondônia, Roraima, Sergipe e Tocantins) e 70 cadeiras (São Paulo). A magnitude média dos distritos é 19.

---

[10] Distritos com magnitudes altas também podem produzir resultados majoritários, caso a regra vise contemplar o partido mais votado com a maioria ou a totalidade das cadeiras. É o caso do Colégio Eleitoral na eleição presidencial dos Estados Unidos, onde o partido mais votado no estado ganha todos os delegados correspondentes à unidade da federação.

Essa alta magnitude propicia ao sistema brasileiro ter um caráter bastante proporcional[11], garantindo a representação de um número expressivo de partidos relevantes no Parlamento. Por outro lado, inviabiliza que um partido tenha maioria e forme seu próprio governo, forçando negociações em torno de coalizões pós-eleitorais[12], o que torna o processo de escolha dos eleitores menos eficiente.

Logo, o *trade-off* eficiência x representatividade também pode ser apresentado como um contraste entre dois pólos: sistemas que fornecem *escolhas de governo* antes das eleições e aqueles que oferecem *escolhas de partidos* que formam governos depois das eleições. Essa dicotomia assemelha-se à contraposição entre visões adversativas e consensuais sobre que forma de democracia representativa se deseja (Norris, 2002).

Países que têm um desvio extremo para o primeiro pólo são considerados "*pluralitários*"[13] (França, Nova Zelândia pré-reforma); os que têm desvio mediano são *majoritários* (Austrália, Canadá, Espanha, Reino Unido); aqueles que se aproximam demais do segundo pólo são chamados de *hiper-representativos* (Finlândia, Bélgica, Itália pré-reforma); e os que se aproximam medianamente, como a Holanda, são *representativos* (Shugart, 2001). A dimensão interpartidária é, então, o modo pelo qual a representação é alocada entre os partidos e como os governos são formados.

---

[11] Outros fatores influenciam o grau de (des)proporcionalidade do sistema, como a existência de uma cláusula de exclusão, a concentração geográfica de votos dos partidos, a desproporção entre o tamanho do eleitorado dos distritos e suas respectivas magnitudes e o tipo de fórmula matemática usada para a distribuição de cadeiras entre os partidos (há dois grandes grupos: um que se baseia em cotas e maiores sobras, por exemplo as fórmulas Hare e Droop, e outro baseado em divisores e maiores médias, neste caso a D'Hondt e a Sainte-Laguë são as fórmulas mais usadas).

[12] Vale ressaltar, porém, que coalizões nem sempre tornam o sistema ineficiente: é o caso da Itália após a adoção do sistema distrital misto, quando se formaram, apesar da fragmentação partidária, dois blocos claros e antagônicos de coalizões pré-eleitorais, um de centro-esquerda e outro de centro-direita (D'Alimonte, 2001).

[13] A palavra não existe em português, mas optamos por fazer uma tradução livre, que se aproxima do termo original *pluralitarian*.

Os Sistemas Eleitorais das Maiores Democracias

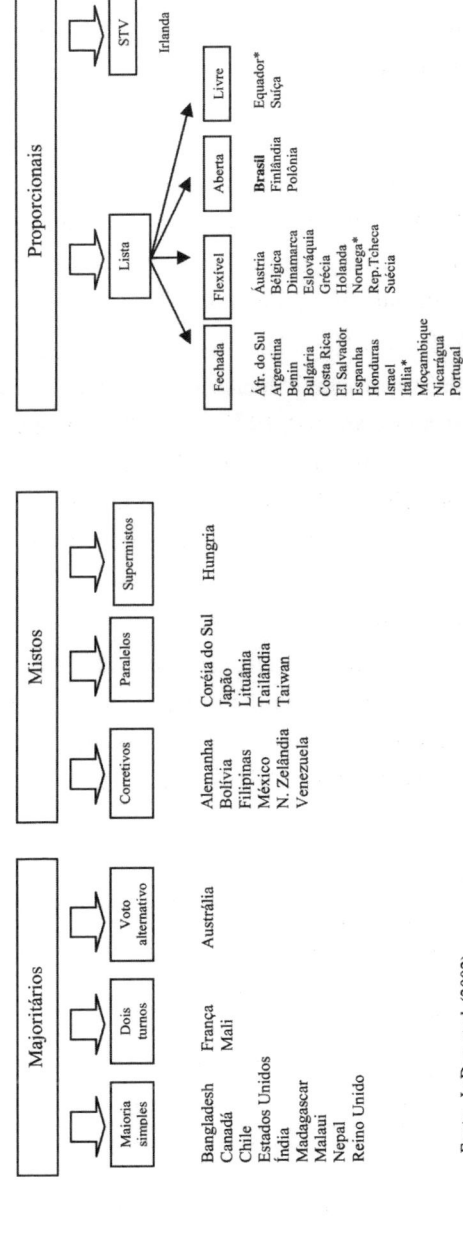

Majoritários

- Maioria simples
  - Bangladesh
  - Canadá
  - Chile
  - Estados Unidos
  - Índia
  - Madagascar
  - Malauí
  - Nepal
  - Reino Unido

- Dois turnos
  - França
  - Mali

- Voto alternativo
  - Austrália

Mistos

- Corretivos
  - Alemanha
  - Bolívia
  - Filipinas
  - México
  - N. Zelândia
  - Venezuela

- Paralelos
  - Coréia do Sul
  - Japão
  - Lituânia
  - Tailândia
  - Taiwan

- Supermistos
  - Hungria

Proporcionais

- Lista
  - Fechada
    - Áfr. do Sul
    - Argentina
    - Benin
    - Bulgária
    - Costa Rica
    - El Salvador
    - Espanha
    - Honduras
    - Israel
    - Itália*
    - Moçambique
    - Nicarágua
    - Portugal
    - Rep. Domin.
    - Romênia
    - Rússia*
    - Ucrânia*
    - Turquia
    - Uruguai
  - Flexível
    - Áustria
    - Bélgica
    - Dinamarca
    - Eslováquia
    - Grécia
    - Holanda
    - Noruega*
    - Rep.Tcheca
    - Suécia
  - Aberta
    - **Brasil**
    - Finlândia
    - Polônia
  - Livre
    - Equador*
    - Suíça

- STV
  - Irlanda

Fonte: LeDuc et al. (2002).

*Países com classificação diferente da tabela original. Itália, Rússia e Ucrânia abandonaram o sistema distrital misto, adotado nos anos 90. A Noruega, considerada por LeDuc et al. como lista fechada, utiliza, a rigor, a lista flexível, pois permite o voto preferencial. O Equador, apontado pelos autores como supermisto, é tipicamente um sistema proporcional de lista livre.

Dimensão intrapartidária

A dimensão intrapartidária, por sua vez, revela como a representação é alocada dentro dos partidos e o grau com que os candidatos ao legislativo dependem de sua própria reputação pessoal – em contraste com a reputação de seus partidos – para ganhar uma eleição. Aqui, o principal *trade-off*[14] é: *"partidos fortes"*[15] ou *"candidatos fortes"* (Shugart, 2001). O que prevalece depende, sobretudo, de duas variáveis[16], ligadas a duas perguntas: 1) como os cidadãos votam? e 2) como os partidos indicam seus candidatos?

1) Como os cidadãos votam? Nos sistemas majoritários, o eleitor vota no candidato[17] e, indiretamente, na agremiação a que esse candidato pertence (Carey e Shugart, 1995; Cox, 1997; Nicolau, 1993). A regra manda que as cadeiras sejam alocadas diretamente para candidatos. Nos sistemas proporcionais de lista, porém, o objetivo é que as cadeiras sejam distribuídas, primeiramente, para partidos. Com isso, põe-se uma questão: como as cadeiras conquistadas pelos partidos serão alocadas entre seus candidatos?

No sistema conhecido como *lista fechada*[18], o eleitor só vota em partidos e não pode expressar preferência por candidaturas individuais. É o partido[19] que hierarquiza os nomes antes da eleição. Se, por exemplo, a legenda conquistar dez cadeiras, os candidatos ordenados nas dez

---

[14] Entendemos que esse *trade-off* não significa oposição pura e simples entre partidos e candidatos. Esse ponto será discutido nos próximos capítulos.

[15] Por ora, não entraremos em detalhe sobre como esse termo é vago, podendo abarcar diferentes significados.

[16] Há pelo menos outras duas variáveis importantes no sistema eleitoral, de efeitos mais complexos: a magnitude do distrito e se os votos são ou não transferíveis ou agregáveis (Carey e Shugart, 1995; Shugart, 2001).

[17] Há exceções de sistemas majoritários com lista, como as eleições para o Colégio Eleitoral americano e para o Senado argentino (Cox, 1997).

[18] Nos países hispânicos, o termo usado é *lista cerrada y bloqueada*: fechada (*cerrada*) porque proíbe a escolha de candidatos de partidos diferentes (*panachage*) e bloqueada porque não permite a interferência do eleitor. Na Argentina, ela é conhecida como "lista sábana". Em inglês, a expressão mais utilizada é *closed list*, mas usa-se também o termo *fixed list* (Carey e Shugart, 1995).

[19] Geralmente, são os dirigentes partidários que escolhem os candidatos.

primeiras posições da lista preencherão as vagas. É utilizada em países como África do Sul, Argentina, Espanha, Israel, Itália, Portugal e Espanha.

Na *lista aberta*, não há uma relação de nomes preordenada. É o eleitor quem decide que candidatos ocuparão as cadeiras conquistadas pelo partido. Os nomes mais votados ocupam os primeiros lugares de cada lista partidária. No Brasil, no Peru e na Letônia, o cidadão tem duas opções: votar em candidatos ou na lista partidária (voto de legenda). Na Finlândia e na Polônia, o cidadão só tem a opção de votar em candidatos. Em alguns países de sistema misto, a lista aberta é utilizada no nível proporcional[20].

Na *lista flexível*, tanto partidos como eleitores têm o poder de escolher que candidatos da lista serão eleitos. Tipicamente, esse sistema permite que candidatos que não estejam tão bem posicionados na lista preordenada do partido subam posições, elegendo-se com a ajuda dos votos dados a sua candidatura individual[21]. No entanto, a prática mostra que a ordenação do partido é a que freqüentemente prevalece, pois o método de transferência de votos acaba beneficiando os candidatos escolhidos pelo partido ou porque os eleitores preferem votar apenas na legenda[22]. Entre os países que a utilizam, estão Áustria, Bélgica, Dinamarca, Holanda e Suécia.

A *lista livre* é a que permite a maior liberdade. Assim como na lista aberta, não há uma relação de nomes hierarquizados previamente pelo par-

---

[20] Na Lituânia (Gallagher e Mitchell, 2005, p.11) e em algumas eleições estaduais da Alemanha (Shugart e Wattenberg, 2001), o distrital misto é utilizado com a lista aberta. O Chile adota a lista aberta em distritos com magnitude muito baixa (dois representantes), típicos de sistemas pouco proporcionais, a ponto de Blais e Massicotte (2002) o classificarem como sistema de maioria simples. O Panamá também adota a lista aberta em distritos de baixa magnitude (média de 1,8).

[21] Há outra maneira de flexibilizar, que é entrelaçar nomes de uma lista fechada com os da aberta: a primeira cadeira conquistada pela agremiação é alocada para o candidato mais votado entre os eleitores; a segunda vaga para o primeiro nome da lista partidária fechada; e assim por diante. Essa lista mista é citada no debate sobre a reforma eleitoral brasileira, mas, até onde sei, não há qualquer país que a adote. O Líbano utiliza um sistema denominado lista mista, mas com procedimentos diferentes, cujo objetivo é integrar as religiões do país.

[22] Na lista flexível, quando o eleitor opta pelo voto de legenda, ele está delegando para o partido a escolha dos candidatos que serão eleitos, enquanto na lista aberta, quando o cidadão vota na legenda, ele está delegando para outros eleitores do partido a tarefa de escolher os candidatos preferidos (Shugart, 2005a, p.43). Em ambos os casos, trata-se de uma abstenção na dimensão intrapartidária.

tido. O eleitor tem direito a dar tantos votos quantas são as cadeiras do distrito e pode distribuir esses votos entre candidatos de diferentes partidos. É o *panachage* (que vem do verbo francês *panacher*: misturar, variar), adotado pela Suíça e pelo Equador.

Uma condição necessária para que os eleitores exerçam influência na distribuição intrapartidária de cadeiras é que eles tenham essa capacidade de votar por candidatos individuais, o que na literatura é chamado de voto de preferência ou preferencial[23]. Das 33 maiores democracias (segundo critério de LeDuc *et al.*) que adotam o sistema proporcional de lista, 19 (58%) utilizam a lista fechada e 14 (42%) permitem o voto preferencial (listas aberta, flexível ou livre)[24].

Figura 2

Sistemas de lista entre as maiores democracias

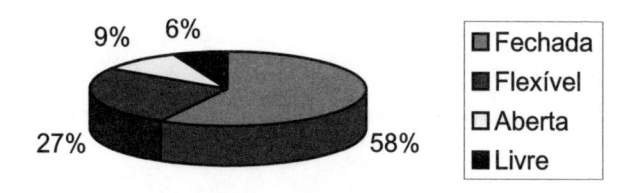

Enquanto nos sistemas majoritários o eleitor, ao escolher um candidato, vota indiretamente no partido, nos sistemas de lista com voto preferencial, ao selecionar o candidato, o eleitor vota, simultaneamente, no partido. Em ambos os casos, quando o cidadão dá

---

[23] Para Shugart (2005a., p.42), a obrigatoriedade do voto preferencial (ou seja, quando o voto de legenda não é permitido) divide as listas aberta e flexível em dois subtipos, respectivamente: a *quasi-list* (por exemplo, a Finlândia) e a *latent list* (como a Holanda).
[24] Os sistemas preferenciais também englobam variações desses tipos principais, como listas semi-abertas e semifechadas (Millard e Popescu, 2004, p.4).

um voto nominal ou de preferência[25], a literatura assume que isso tende a fortalecer o candidato frente ao partido; e quando vota em uma lista (fechada), fortalece o partido em detrimento das candidaturas individuais.

2) *Como os partidos indicam seus candidatos?* Candidatar-se a uma eleição pode ser fácil ou difícil. Isso dependerá da legislação eleitoral e dos procedimentos internos dos partidos, que vão dos mais centralizados aos mais descentralizados. Os primeiros caracterizam sistemas em que há uma oligarquia partidária, uma elite de líderes que decide quem serão os candidatos. No outro extremo, estão os sistemas muito personalistas, em que há poucos obstáculos para se obter a candidatura individual, bastando, por exemplo, levantar algumas assinaturas ou depositar uma taxa.

Sistemas intermediários distribuem-se entre esses pólos. A oligarquização de um partido pode ser minimizada com procedimentos internos descentralizados: digamos, se a decisão sobre as candidaturas, em vez de se concentrar numa única elite central, for compartilhada pelas direções partidárias regionais e locais. As primárias, nas quais os candidatos são escolhidos em eleições internas pelos militantes da agremiação[26], são um método descentralizado, mas não a ponto de facilitar o acesso de quase qualquer pessoa à legenda.

Mantidos outros fatores constantes, sistemas centralizados fortalecem o partido e seus dirigentes, e sistemas descentralizados favorecem os candidatos. Normalmente, há uma correspondência entre o procedimento como o partido indica seus candidatos e o modo como o eleitor vota. Em sistemas cujo controle sobre a candidatura é descentralizado ou pouco centralizado, os eleitores podem dar votos nominais ou preferenciais. Em sistemas nos quais o controle sobre as candidaturas é ex-

---

[25] O termo voto nominal está ligado à escolha de candidatos nos sistemas majoritários, enquanto o termo voto de preferência ou preferencial é reservado aos sistemas de listas partidárias.

[26] Nos Estados Unidos, essas são as primárias fechadas; mas há também as primárias abertas, que permitem que eleitores de outro partido votem.

cessivamente centralizado, o eleitor não tem essa opção, pois o objetivo é justamente que a escolha dos nomes pelo partido seja mantida. A lista fechada é uma garantia de que isso ocorrerá[27].

Juntas, essas duas variáveis – como os cidadãos votam e como os partidos escolhem seus candidatos – dizem muito sobre a natureza das relações intrapartidárias de um sistema. Se, no *trade-off*, o que prevalece são os candidatos, haverá um incentivo para o cultivo do voto pessoal. Se é o partido que predomina, a tendência é que os candidatos busquem votos partidários.

Shugart (2001) defende que, em um sistema político ideal, os legisladores devem ter o incentivo de descobrir que tipo de políticas públicas seus eleitores querem, e construir reputações baseadas no esforço de realizar essas políticas. Os eleitores devem recompensar ou punir seus representantes a partir da performance desses parlamentares. O problema, afirma, é que alguns sistemas eleitorais dão aos legisladores incentivos para atender a interesses bem mais estreitos.

Num extremo, estão os sistemas *hiperpersonalistas* (Colômbia, Japão pré-reforma), nos quais os políticos buscam votos pessoais na base de favores clientelistas, em vez de construírem uma reputação em torno de políticas públicas amplas. No outro extremo, estão os sistemas *hipercentralizados* (Venezuela pré-reforma), nos quais os políticos não têm qualquer incentivo de representar os eleitores, pois o progresso de suas carreiras depende apenas de agradar uma oligarquia partidária. Para Shugart, ambos extremos, freqüentemente, implicam satisfazer interesses especiais estreitos, sejam de clientelas ou de máquinas partidárias, em detrimento das preferências dos eleitores em relação a bens públicos. Desvios menos intensos em direção a esses pólos representam sistemas *centrados no candidato* (Estados Unidos, Grécia, Irlanda) ou

---

[27] É possível, embora raro, combinar a lista fechada com procedimentos mais descentralizados, e teoricamente mais democráticos, de indicação de candidaturas, como as primárias. Entre as exceções estão a Costa Rica e a Argentina. Aspectos do sistema argentino são debatidos no fim do capítulo 2.

centrados no partido (Alemanha, Dinamarca). Países de lista fechada, como Espanha e Portugal, também pertencem a essa última categoria, porém ficam mais próximos da zona dos sistemas hipercentralizados. O Brasil, segundo Shugart (2001, p.38), tem um sistema centrado no candidato, mas que estaria perto do hiperpersonalismo. No próximo capítulo, faremos ressalvas a essa classificação.

Eficiência eleitoral em duas dimensões

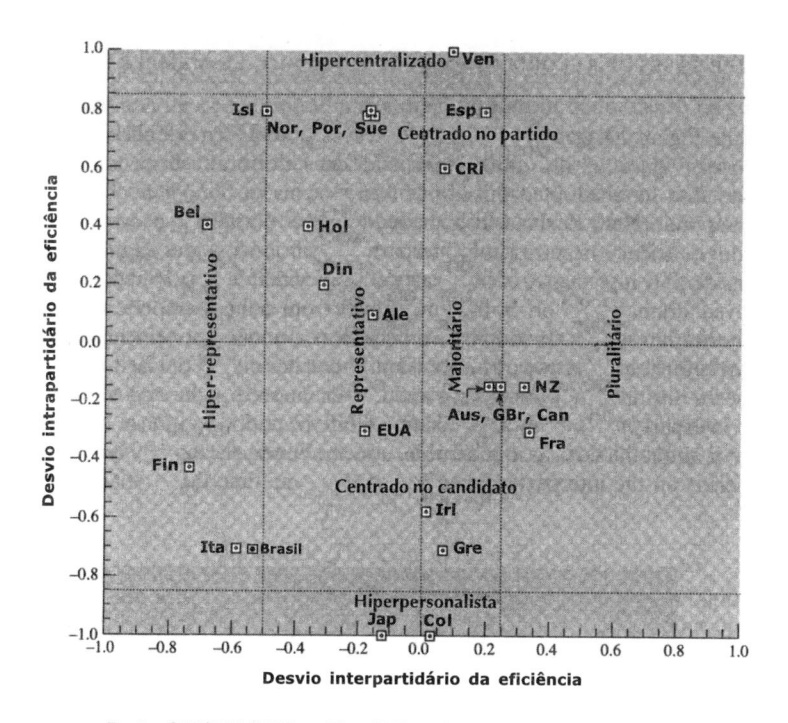

Fonte: SHUGART (2001, p.43) e CRISP, MORENO e SHUGART (2000) para o escore do Brasil na dimensão interpartidária.

1.1 – As conseqüências

O sistema eleitoral está entre as instituições mais importantes dentro de um sistema político. A ele é atribuído o poder de influenciar uma série de fatores: o número de partidos, a governabilidade, a alternância de poder, a prestação de contas (*accountability*) dos eleitos em relação aos eleitores, o poder dos partidos perante a sociedade civil, a representatividade dos diversos setores da população (incluindo a representação feminina e de minorias étnicas e religiosas), o grau de personalismo, a extensão do clientelismo, o nível de corrupção envolvendo políticos, a legitimidade do regime, entre outros.

Sistemas eleitorais contam. Entretanto, a relação entre eles e questões-chave para a democracia nem sempre ocorre como se supõe. Sistemas eleitorais podem muito, mas não tudo. Há um conjunto de outras variáveis que influenciam os resultados. Essas variáveis podem ser institucionais – como o sistema de governo, a organização do Estado (federalismo x unitarismo) e o processo decisório – ou não-institucionais – como o perfil sociológico da comunidade política. É difícil (se não impossível) isolar as conseqüências do sistema eleitoral das demais variáveis, embora essa seja uma meta em todo estudo sistemático.

Muitas vezes não se conhecem os efeitos em geral de um determinado sistema eleitoral, quanto mais o impacto desse sistema quando aplicado a um país, cuja combinação particular de variáveis neutraliza ou potencializa efeitos esperados. É preciso evitar os riscos do determinismo ou, mais especificamente, do hiperinstitucionalismo. Experiências de engenharia eleitoral pelo mundo mostram que várias reformas tiveram suas expectativas frustradas: ou porque o objetivo não foi alcançado ou, pior, porque surgiram conseqüências ainda mais adversas. Isso não conduz ao imobilismo, mas aponta para a prudência e a séria consideração de reformas incrementais quando o assunto é alterar um sistema eleitoral.

Feitas essas ponderações, podemos nos voltar para os efeitos mais conhecidos gerados pelos sistemas eleitorais. Não à toa, eles estão relacionados à dimensão interpartidária, a mais estudada pela literatura.

O cientista político Maurice Duverger (1951) estabeleceu a mais famosa correlação entre sistema eleitoral e sistema partidário, que expressou em uma lei e uma hipótese. Pela lei de Duverger, eleições majoritárias por maioria simples em distritos com um representante (sistema uninominal ou voto distrital) tendem a desenvolver um sistema bipartidário. Pela hipótese de Duverger, eleições proporcionais e majoritárias de dois turnos levam ao multipartidarismo. A lógica é simples. No primeiro caso, eleitores cujos candidatos preferidos têm poucas chances de vitória tendem a votar *estrategicamente*, isto é, para que seus votos não sejam desperdiçados, escolhem um candidato com mais chance – ou porque ele é o seu segundo preferido ou porque ele é capaz de derrotar um favorito indesejado. Esse comportamento fortalece os principais partidos. No segundo caso, como a disputa prevê um segundo turno ou abre espaço para que haja múltiplos vencedores (eleições proporcionais), eleitores de candidatos menos favoritos podem votar *sinceramente*, de acordo com sua primeira preferência, o que propicia o fortalecimento de vários partidos.

A lei de Duverger[28] faz sentido quando se observa que a grande parte dos países que adota o sistema uninominal de maioria simples é bipartidária, como Estados Unidos, Reino Unido e Nova Zelândia pré-reforma. O Canadá e a Índia estão entre as exceções. A hipótese de Duverger também faz sentido quando se constata que a maior parte dos países de representação proporcional é multipartidária, a exemplo das democracias da Europa continental e América Latina. A Áustria e a Argentina têm sistemas que fogem à regra (embora essa última venha se distanciando do modelo bipartidário).

As exceções, contudo, mostram que o poder de explicação e predição das proposições institucionalistas de Duverger deve ser relativizado. O próprio autor sugeriu mais tarde que fizera uma "generalização

---

[28] Cox (1997) lembra que, antes de Duverger, Henry Droop, defensor do sistema proporcional e criador da cota Droop, já havia, em 1869, observado a tendência ao voto estratégico em eleições por maioria simples.

probabilística mais fraca" (Norris, 2002). Mesmo a lei, que teria uma força de generalização maior que a hipótese, desconsidera um fator importante: a distribuição territorial de votos de um partido. Partidos minoritários nacionalmente mas com votação concentrada regionalmente têm um trunfo para formar suas bancadas parlamentares em sistemas de maioria simples.

Essa questão fomentou a controvérsia entre o institucionalismo e toda uma literatura de cunho sociológico que propõe a idéia de que são as clivagens sociais que condicionam o sistema partidário. A noção básica é de que países heterogêneos, digamos com acentuadas divisões étnicas, lingüísticas ou religiosas, geram sistemas multipartidários, enquanto sociedades homogêneas favorecem sistemas partidários mais enxutos. Essa abordagem faz sentido em alguns casos e explicaria, por exemplo, porque o Canadá (marcado pela divisão entre as sociedades anglófonas e francófonas) é multipartidário, embora tenha um sistema eleitoral de maioria simples uninominal. Entretanto, a perspectiva sociológica também apresenta uma série de problemas; para mencionar apenas um deles, a dificuldade de determinar em que grau um país é mais ou menos homogêneo ou heterogêneo do que outro. Nos Estados Unidos, a clivagem entre brancos e negros não produz um partido, enquanto na Finlândia, há um partido que representa a população sueca do país. Qual é a clivagem mais intensa?

Cox, em *Making Votes Count* (1997), propõe uma conciliação das abordagens sociológicas e institucionalistas, uma vez que ambas têm poder explicativo. Ele sugere que os institucionalistas devem agora tentar especificar que tipos de clivagens sociais importam, e como, sob os diferentes modelos de sistemas eleitorais. O ponto interessante a ressaltar aqui é que mesmo a mais famosa lei sobre as conseqüências dos sistemas eleitorais não se sustenta completamente, sem o exame de outras variáveis, institucionais ou não.

1.2 – Efeitos psicológicos e mecânicos

Sistemas eleitorais produzem dois tipos de efeitos: os que ocorrem antes e os que ocorrem depois do voto. Duverger denominou os primeiros de efeitos psicológicos e os últimos de efeitos mecânicos. Efeitos mecânicos são aqueles que decorrem diretamente das fórmulas eleitorais, e de como votos se transformam em cadeiras. Efeitos psicológicos dizem respeito a como partidos e eleitores reagem a essas regras (Blais e Massicotte, 2002). Efeitos mecânicos pertencem à dimensão interpartidária. Influenciam a relação entre a proporção de votos que um partido amealha e a proporção de cadeiras que ele consegue no Parlamento. O grau de desproporcionalidade entre votos e cadeiras pode ser baixo, como nos sistemas proporcionais, ou alto, como nos majoritários. Nesses últimos, um partido pode alcançar uma maioria manufaturada, ou seja, obtém a maioria das cadeiras sem ter tido a maioria dos votos. Foi o que aconteceu em duas eleições sucessivas na Nova Zelândia (1978 e 1981). Efeitos mecânicos estão associados à restrição (lei de Duverger) ou ao aumento (hipótese de Duverger) do número de partidos.

Efeitos psicológicos, por sua vez, afetam eleitores, candidatos e agremiações partidárias. Esses atores podem mudar seu comportamento por causa de suas expectativas a respeito dos efeitos mecânicos dos sistemas eleitorais. O incentivo ao voto estratégico ou tático, que está na base do mecanismo causal notabilizado por Duverger, é um dos principais efeitos psicológicos sobre os eleitores. Apesar de ser mais vinculado aos sistemas de maioria simples, o voto estratégico também ocorre em sistemas proporcionais e majoritários de dois turnos. A cláusula de exclusão, utilizada em várias democracias, pode induzir o eleitor a não desperdiçar seu voto com um partido que ficará sem representação no Parlamento. Blais e Massicotte lembram que uma questão intrigante, e pouco estudada pela literatura, é se eleitores nos sistemas proporcionais deixam de votar em partidos que são tidos como menos propensos a fazer parte do governo. Eleições de dois turnos também são um campo fértil para o voto estratégico, chamado popularmente no Brasil de voto útil.

Efeitos psicológicos atuam também sobre candidatos – que podem se sentir mais ou menos encorajados a disputar uma eleição – e sobre a vida interna dos partidos – por exemplo, ao favorecer ou desestimular rachas de facções que levem à criação de novas legendas. Ou seja, são efeitos que influenciam tanto a dimensão intra quanto a interpartidária.

O impacto dos sistemas eleitorais sobre estratégias partidárias foi estudado por Katz (1980), que mostra que fórmulas proporcionais e distritos de alta magnitude tendem a tornar os partidos mais ideológicos, enquanto a coesão partidária tende a ser mais fraca quando os eleitores podem escolher um nome entre candidatos dentro do mesmo partido (Blais e Massicotte, 2002).

Esse último ponto, sobre as conseqüências do voto preferencial, toca num assunto que interessa diretamente a este livro. A análise dos sistemas proporcionais de listas aberta e fechada requer a consideração de uma série de efeitos psicológicos, que vão além da competição intrapartidária, tais como identificação e disciplina partidárias, aproximação entre eleitores e eleitos e estratégias de captação de voto.

No entanto, há muito mais conhecimento sobre os efeitos mecânicos do que sobre os efeitos psicológicos. E boa parte do que se sabe sobre a relação entre sistema eleitoral e comportamento eleitoral é baseada em análise de democracias estabelecidas. Não está claro até que ponto podem ser feitas generalizações a partir do contexto particular desses países (Norris, 2002).

1.3 – Atores e arenas

Sistemas políticos costumam ser divididos em três tipos de arenas: eleitoral, legislativa e governamental. Nos próximos capítulos, analisaremos o impacto dos sistemas eleitorais de lista aberta e fechada nessas três esferas. Em cada uma delas podemos observar uma gama de personagens principais, atores políticos cujos comportamentos dependem, de algum modo, dos incentivos gerados pelas regras da competição eleitoral. Há o eleitor, o candidato e o partido como organização (na arena eleitoral); o deputado e o partido parlamentar (na arena legislativa); o Executivo e o Legislativo (na arena governamental). Para fins de apresentação e bom entendimento, esses atores receberão luz própria e serão tratados individualmente. Isso não exclui, entretanto, uma análise dinâmica. Os personagens interagem. Há relações entre atores políticos de categorias diferentes – digamos, a maior ou menor dependência entre deputados e partidos – e da mesma categoria – por exemplo, o grau de competição entre candidatos de um mesmo partido ou de agremiações diferentes. Essas relações são travadas dentro de uma mesma arena, mas podem atravessar arenas diferentes. Como se vê, há uma complexa rede de conexões. Logo, se destacamos os atores individualmente, não decorre daí que estejamos tratando-os isoladamente.

CAPÍTULO 2

Efeitos esperados e impactos das listas aberta e fechada na arena eleitoral

É na arena eleitoral que as preferências dos eleitores transformam-se em votos e, por meio de um sistema eleitoral específico, votos são traduzidos em poder. É onde ocorre a competição eleitoral, entre partidos e entre candidatos, decidida pelo eleitor. A seguir, analisamos o impacto dos sistemas de representação proporcional de lista aberta (adotado no Brasil) e de lista fechada (proposto para substituí-lo) sobre os três principais atores da arena eleitoral: o eleitor, o candidato e o partido como organização.

2.1 – Sobre o eleitor

Nos últimos séculos, eleições têm a dupla função de dar voz às principais opiniões da sociedade, estruturadas em torno de partidos, e de escolher os indivíduos que expressarão essas opiniões no Parlamento.

Nos sistemas de lista aberta, o eleitor vota tanto em partidos quanto em pessoas. Na lista fechada, o cidadão só vota em partidos – a decisão sobre que indivíduos exatamente ocuparão as cadeiras parlamentares cabe às agremiações políticas. Nesse sentido, a lista fechada reduz o poder de decisão do eleitorado. De um ponto de vista quantitativo, em vez de escolher mais, o eleitor escolhe menos. Há uma transferência de soberania para os partidos. Considerada isoladamente, essa característica é uma desvantagem em termos democráticos. A influência dos eleitores sobre quem entra e quem não entra no Parlamento é limitada, e fica restrita à distribuição geral dos votos entre os partidos (Wessels, 1997).

A lista aberta, por sua vez, oferece um maior grau de liberdade ao cidadão. O parlamentar, responsável último pelas decisões legislativas, será uma escolha sua, por meio do voto personalizado. Na amostra de LeDuc *et al.* (2002), composta pelas 58 maiores democracias do mundo (segundo índices da Freedom House), 66% conferem essa prerrogativa ao eleitor. Os 34% países restantes correspondem aos sistemas de lista fechada, únicos em que o cidadão não escolhe candidatos. Defensores da lista fechada relativizam essa desvantagem por meio de dois contra-argumentos.

O primeiro deles alega que, na lista aberta tal como praticada no Brasil, alguns fatores já interferem na escolha dos eleitores, tais como: 1) o troca-troca de partidos; 2) as coligações (ao permitirem que o voto dado a um candidato de um partido ajude a eleger um candidato de outra sigla); e 3) o limitado controle da atividade parlamentar (pois os eleitores têm a liberdade de escolher seus deputados, mas, segundo mostram pesquisas, uma minoria se lembra em quem votou) (Nicolau, 2006a).

Esses três fatores, sobretudo os dois primeiros, deturpam, de fato, em alguma medida, a preferência original dos eleitores – embora o sistema de lista fechada, neste aspecto, não se configure como um modelo superior, pois não permite ao eleitor expressar essa preferência por candidatos individuais. Os dois problemas maculam o ideal da representação baseada nos partidos políticos, mas podem ser corrigidos por meio de legislação rígida e específica.

Quanto ao esquecimento do nome dos deputados pelos eleitores, há indícios de que esse fenômeno não seja resultado da lista aberta em si, mas conseqüência da realização das eleições nacionais simultaneamente às estaduais. Há um acúmulo de escolhas que o eleitor brasileiro deve fazer no mesmo pleito: além de deputado federal, escolhe presidente da República e senador (eleições nacionais) e governador e deputado estadual (eleições estaduais). É plausível imaginar também que o esquecimento se dá porque os nomes dos candidatos importam menos do que o que eles defendem ou representam, sejam projetos particularistas ou determinada corrente ideológica.

Cain *et al.* (1987, p.28) mostraram que a lembrança do nome de políticos que concorreram nas últimas eleições pode variar muito até em países que usam o mesmo sistema eleitoral. É o caso dos Estados Unidos e do Reino Unido. Numa pesquisa feita em 1978 e 1980, 65% dos eleitores britânicos lembravam-se do nome do parlamentar eleito no seu distrito. Entre os eleitores americanos, essa taxa caía para 32%. Uma das explicações apresentadas pelos autores é que, enquanto o cidadão britânico faz uma única escolha, o eleitor americano vota para presidente, deputado, governador, senador, juiz e até delegado de polícia. De todo modo, no que diz respeito ao controle da atividade parlamentar – exercício de cidadania que seria dificultado pelo esquecimento dos eleitores brasileiros –, a lista fechada, como veremos no próximo capítulo, oferece uma limitação maior que a lista aberta.

O segundo contra-argumento dos defensores da lista fechada é que a desvantagem inicial de reduzir a escolha dos eleitores pode gerar efeitos benéficos – como o aumento na disciplina partidária –, enquanto a vantagem da lista aberta se converteria em prejuízos ao sistema político – por exemplo, o excesso de autonomia dos parlamentares em relação aos seus partidos e a ingovernabilidade. Nesta seção nos concentraremos nas conseqüências que afetam diretamente o eleitor. Efeitos em outros atores ou arenas serão analisados em outras seções.

O fato de se ter muitas ou poucas opções de escolha nos remete ao problema dos custos de informação. Na lista fechada, o cidadão não precisa conhecer o histórico dos candidatos e não se vê diante de uma profusão de pretendentes disputando o seu voto, num desafio à sua capacidade de comparar e decidir. Por esse ângulo, a lista fechada leva vantagem sobre a aberta. O ponto traz à tona um tema amplamente abordado pela literatura e que Lupia e McCubbins chamam de "dilema democrático": as pessoas que são chamadas a fazer escolhas fundamentadas, em uma democracia, são ou não capazes de exercer essa faculdade? A questão é vasta e demandaria muito espaço para citar apenas alguns dos principais trabalhos (Lupia e McCubbins, 1998; Lupia *et al.*, 2000; Kuklinski, 2001). Conceitos-chaves, porém, valem ser mencionados.

Ter informação limitada não impede que as pessoas façam escolhas fundamentadas. Eleitores podem usar um grande leque de pistas simples, atalhos, como substitutos para a informação completa: formadores de opinião, identificação partidária, história, mídia e pessoas que têm interesses similares. Em *The Democratic Dilemma*, Lupia e McCubbins tentam mostrar quando e como as pessoas utilizam pistas e quando as pistas são substitutos eficientes da informação detalhada ou quando são prejudiciais. Para isso, constroem teorias da atenção, da persuasão e da delegação. Focalizemos apenas a primeira delas.

A teoria da atenção lembra que, ironicamente, para muitos assuntos políticos, a informação não é escassa (há até uma abundância de informações, muitas vezes gratuitas, divulgadas pelos meios de comunicação de massa, tais como rádio e TV). No entanto, os recursos cognitivos que uma pessoa pode usar para processar tantas informações é que são escassos. Mesmo assim, as pessoas são capazes de tomar decisões racionais. Os autores ilustram seu argumento da seguinte maneira: um motorista não precisa obter informação sobre as intenções dos outros motoristas, bem como a velocidade, a direção e a massa de seus carros, pois em muitos cruzamentos há simples substitutos para toda essa informação – o sinal de trânsito. De modo análogo, a informação limitada evita escolhas fundamentadas apenas se os cidadãos estão presos em complexos cruzamentos e não têm acesso a efetivos sinais de trânsito políticos. Instituições (partidos, por exemplo) são importantes sinais de trânsito político.

No que concerne a esse estudo, cabe a pergunta: a lista aberta favorece um complexo cruzamento político? Talvez sim. O sistema é intransitável? Não necessariamente. Nossa sugestão, que ficará mais clara ao longo deste trabalho, é que os sinais de trânsito políticos, tais como os partidos, podem ser mais efetivos, sem que se tirem os candidatos individuais de circulação.

Para os defensores da lista fechada, escolher apenas partidos também proporciona uma outra vantagem sobre a lista aberta: ao deixarem de votar em propostas individuais de candidatos, os eleitores estruturam suas preferências em torno de programas partidários. Esse efeito psicológico esperado é o da identificação partidária.

A visão tradicional da literatura estrangeira descreve o Brasil como um dos países onde os cidadãos menos se importam ou são largamente avessos aos partidos (Mainwaring, 1991, p.53; Sartori, 1996, p.112). A conexão eleitoral seria personalista, pois os eleitores se identificariam essencialmente com candidatos. Vejamos se essa idéia se sustenta empiricamente.

Em 2000, o Ibope utilizou uma metodologia diferente da tradicional e permitiu que os pesquisados consultassem um cartão com as alternativas numa pesquisa que apontou que 58% dos eleitores brasileiros têm simpatia ou se identificam com algum partido político[29].

Por outro lado, pesquisas anuais do instituto Datafolha[30], realizadas entre 1989 e 2002 e citadas por Kinzo (2005), registraram um percentual médio de identificação partidária mais baixo: 46%. Kinzo considera essa taxa muito modesta, tanto em relação ao padrão internacional (embora não apresente a média percentual) quanto às taxas verificadas no país às vésperas do regime militar, em 1964, quando batiam nos 64%.

Entretanto, dados do Comparative Study of Electoral Systems (CSES), voltado para a comparação padronizada de estudos eleitorais feitos em diversas democracias, mostram que o Brasil não ocupa uma posição desvantajosa no cenário internacional. A taxa de identificação partidária média em 33 países, pesquisados entre 1996 e 2001, é de 45,3%[31].

Ou seja, mesmo tendo como parâmetro o índice mais baixo de 46%, apontado pelo Datafolha, a identificação partidária no Brasil está bem na média internacional e chega a superar o percentual de algumas democracias antigas, como a Suíça, onde apenas 37% dos cidadãos se sentem ligados a algum partido político.

---

[29] Pesquisa Ibope (OPP 217/00), amostra nacional, 2 mil entrevistas, Pergunta 62: "O senhor tem preferência ou simpatia maior por algum destes partidos políticos?". Acervo do Doxa/Iuperj.

[30] A pergunta formulada foi: "Qual é o seu partido de preferência?". As respostas foram espontâneas e únicas.

[31] Comparative Study of Electoral Systems, Module 1 1995-2001 (www.csesdb.com). A pergunta, aplicada nos países, em versões mais curtas ou mais longas, foi: "Do you usually think of yourself as close to any particular political party?", equivalente a "Você se considera próximo a algum partido político específico?".

Tomando por base números semelhantes do CSES, Samuels (2006, p.2) afirma que esses dados são "algo surpreendente para a sabedoria convencional" sobre a relação entre eleitores e partidos no Brasil. O autor, porém, ressalta que a visão tradicional ainda seria "parcialmente verdadeira" porque a distribuição das preferências partidárias é concentrada em apenas um partido político, o Partido dos Trabalhadores (PT). Segundo números utilizados por Samuels, o PT, sozinho, responderia por 65,6% da identificação partidária no Brasil. Mas, de acordo com o Datafolha, esse percentual seria de 29%, pela série histórica 1989-2002, ou de 42,8%, em 2002, quando o petismo atingiu seu pico. Nesse ano, em que o partido venceu sua primeira eleição presidencial, 18% dos eleitores tinham identificação com o PT, o dobro do segundo lugar, o PMDB, com 9%, seguido pelo PFL (6%) e pelo PSDB (4%).

Apesar de os dados mostrarem que o Brasil está acima da média internacional, Kinzo considera insatisfatório o patamar de 46% de identificação partidária, alertando ainda para a tendência de queda da taxa nos últimos anos. A autora afirma que a expectativa, após 20 anos de experiência democrática, era a de que a identificação partidária aumentasse no Brasil, mas isso não tem ocorrido por causa de, pelo menos, dois fatores: os recursos organizacionais dos partidos e os incentivos e restrições gerados pela arena eleitoral.

O primeiro fator explica porque apenas o PT – único partido de massa, bem organizado e com estratégia clara para construir um perfil diferenciado – deitou raízes no eleitorado. O segundo fator tem a ver com o que Kinzo denomina de "conjunto de regras eleitorais complexo". Nesse ponto, a autora chama a atenção para duas características do ou geradas pelo sistema eleitoral brasileiro: as coligações partidárias e os governos de coalizão, que dificultam os eleitores a perceberem os partidos como atores políticos distintos.

Preocupações com baixas taxas de identificação partidária geralmente estão ligadas à idéia de que 1) partidos devem ser atalhos na decisão do voto, estruturando as preferências dos eleitores; 2) se os eleitores não se sentem identificados com partidos, eles tornam o sistema partidário mais instável, gerando uma volatilidade das preferências partidárias de eleição para eleição; e 3) sem estabilidade do sistema partidário, a decisão dos eleitores fica mais vulnerável a acontecimentos inesperados, ao apelo de líderes carismáticos providenciais e a partidos antissistema – o que representa uma ameaça à democracia.

Essa cadeia de eventos, porém, não deve ser encarada como uma fatalidade. Em primeiro lugar, nos sistemas multipartidários, como o brasileiro, eleitores podem votar em partidos diferentes, mas que pertençam a um mesmo bloco ideológico. Em segundo lugar, a queda da identificação partidária é um fenômeno mundial, que ocorre desde os anos 70 nas democracias industrializadas. Para Manin (1997), essa mudança é uma das evidências do fim da democracia de partido e o início de uma terceira era, a democracia do público, baseada em vínculos mais personalistas entre eleitores e eleitos, tal como foi a primeira era do governo representativo, o modelo parlamentar. Hoje, mais do que pautado pelo pertencimento a uma classe, o voto do eleitor seria uma resposta a fatores contextuais, de curto prazo, assuntos da ordem do dia, como gastos do governo, eventos de campanha e às qualidades pessoais dos líderes partidários (Norris, 2002).

Em terceiro lugar, não há uma correlação entre identificação partidária e sistema eleitoral. Pippa Norris, ao tentar analisar os efeitos psicológicos dos sistemas eleitorais em relação à identificação partidária, constatou, preliminarmente, que existem variações consideráveis de apoio a partidos dentro das três principais famílias de sistemas. Em pesquisas internacionais feitas de acordo com os parâmetros do CSES, a identificação partidária nos sistemas majoritários variou entre 46% (Reino Unido) e 83% (Austrália), perfazendo uma média de 58% – a mais alta entre os modelos de representação. Nos sistemas mistos, variou de 21% (Tailândia) a 69% (Ucrânia), com uma média de 42% – a Alemanha, um símbolo da democracia de partido, aparece, surpreendentemente, com apenas 37%. Os sistemas proporcionais apresentaram, na média, uma taxa de 43%, variando entre 23% (Peru) e 64% (Israel). Os sete países de lista fechada tiveram, em média, um índice de 43,5%, enquanto os cinco países de lista com voto preferencial (listas aberta, flexível e livre) apresentaram média praticamente no mesmo patamar: 43%. O Brasil, mesmo com o percentual menos robusto do Datafolha, com seus 46%, mais uma vez fica acima da média, agora dos sistemas de lista – o que mostra o exagero de Mainwaring (1991, p.53) ao dizer que no país a identificação partidária é "desgraçadamente fraca". De todo modo, o ponto a destacar é a falta de relação entre sistema eleitoral e identificação partidária. Nos dois países de lista aberta, há uma grande discrepância: Peru, com modestos 23%, e Polônia, com significativos 52%. Nos de lista fechada, também: se, por um lado, Israel aparece com 64%, no outro extremo está a Eslovênia, com 22%. Norris ressalta que muitos fatores, além do sistema eleitoral, podem influenciar o comportamento dos eleitores em relação aos partidos, tais como variáveis socioeconômicas (idade, gênero, educação, renda), outros fatores institucionais, a cultura política e as tradições históricas predominantes no país.

**Sistemas eleitorais e
indicadores de identificação partidária (em%)**

Majoritário		58
Austrália	1996	83
Canadá	1997	49
Estados Unidos	1996	54
Reino Unido	1997	46

Misto		42
Alemanha	1998	37
Coréia do Sul	2000	27
Hungria	1998	35
Japão	1996	37
México	1997 e 00	48
Nova Zelândia	1996	52
Rússia*	1999 e 00	57
Tailândia	2001	21
Taiwan	1996	34
Ucrânia*	1998	69

Proporcional		43

Lista fechada		43,5
Eslovênia*	1996	22
Espanha	1996	43
Holanda*	1998	28
Israel	1996	64
Noruega*	1997	53
República Tcheca*	1996	49
Romênia	1996	47

Lista com voto preferencial		43
Peru (aberta)	2000-01	23
Polônia (aberta)	1997	52
Dinamarca (flexível)	1998	50
Suécia (flexível)	1998	53
Suíça (livre)	1999	37

Brasil (aberta)		
Datafolha	1989-02	46
Ibope	2000	58

Média internacional**		45,3

Fonte: Pippa Norris (2002, p.20), CSES, Datafolha e Ibope. Obs.: Norris utiliza o banco de dados do CSES, mas como sua tabela apresenta alguns percentuais discrepantes, optei por manter os números da fonte original.
* Atualmente, Rússia e Ucrânia adotam o sistema proporcional de lista fechada. Eslovênia, Holanda e República Tcheca utilizam a lista flexível. O sistema da Noruega também é flexível, embora na prática prevaleça o ordenamento dos partidos.
** Referente aos 33 países pesquisados, entre 1996 e 2001, de acordo com os parâmetros do CSES.

Em quarto lugar, a identificação partidária tem sua face reversa: o sentimento antipartidário. Sistemas muito centrados em partidos correm o risco de se assemelharem a uma perigosa panela de pressão. Em épocas de graves crises, o descrédito, o desencanto ou a ira dos cidadãos voltam-se contra os partidos e o sistema político como um todo. É o que aconteceu na Venezuela e na Bolívia. Em ambos os países, que adotavam a lista fechada, o descontentamento dos eleitores foi tão grande que impulsionou reformas em prol da personalização do voto.

Na Venezuela, caso extremo de hipercentralização, o eleitor escolhia, com um só voto partidário, as legislaturas de todos os níveis (nacionais, regionais e locais) e não podia, com isso, punir ou premiar governos em níveis específicos. Um poder imenso concentrava-se numa pequena elite partidária nacional. Essa partidocracia estava associada à corrupção política e ao declínio econômico. Os grandes partidos só aceitaram reformar o modelo quando a taxa de abstenção bateu na casa dos 40% (Crisp e Rey, 2001). A opção foi a introdução do distrital misto, elegendo metade dos parlamentares pelo voto em lista fechada e metade pelo voto personalizado, em distritos uninominais. Contudo, a mudança não reduziu o controle dos líderes sobre a indicação das candidaturas. A atenção dos políticos continuou voltada para dentro dos partidos e não para fora, para as demandas dos eleitores. A lógica da lista fechada mostrou-se bem mais forte que os incentivos esperados decorrentes da esfera nominal. A escalada de frustração levou os eleitores a cederem aos apelos personalistas dos candidatos à Presidência, favorecendo o discurso anti-sistema defendido por não-políticos. O resultado foi a eleição de um ex-militar para presidente, Hugo Chávez, e o posterior declínio dos dois partidos mais associados ao antigo sistema, a AD e o Copei (Kulisheck e Crisp, 2001). O modelo partidário, ironicamente, desaguou em um regime centrado na figura de um líder providencial.

Na Bolívia, a lista fechada também esteve relacionada a um grande descontentamento, provocando um divórcio entre eleitores, membros do Parlamento e partidos. A insatisfação com os partidos ficou evidente na alta volatilidade eleitoral, que atingiu 36,1% entre 1979 e 1993. À exceção dos deputados que encabeçavam as listas partidárias, a maioria dos membros do Parlamento era desconhecida em seus distritos. O crescente desencanto dos cidadãos, particularmente os pobres, com a falta de um governo responsivo e prestador de contas, especialmente durante a coalizão ADN-MIR, favoreceu a emergência de movimentos neopopulistas que desafiavam os partidos estabelecidos com um discurso antiinstitucional. A Bolívia também adotou o sistema distrital misto na esperança de curar esses males. O objetivo era trazer os representantes mais perto dos eleitores e retomar a legitimidade perdida. No entanto, o novo sistema não teve qualquer impacto no controle partidário sobre as candidaturas, e as características de um sistema partidário hipercentralizado continuaram inalterados, com os candidatos das esferas nominal e de lista sendo indicados pelos líderes partidários mais ligados aos candidatos a presidente (Mayorga, 2001a e 2001b).

Essas duas experiências, da Bolívia e da Venezuela, contribuem em boa medida para compreender o ponto anterior: sobre por que não se encontra correlação entre identificação partidária e sistema eleitoral. Mesmo uma conexão altamente centrada nos partidos pode gerar efeitos diferentes dos esperados, como a apatia ou, em situações mais extremas, a retaliação dos eleitores à classe política.

Na lista aberta, por sua vez, em situações de intensa decepção do eleitorado, digamos, com um escândalo de corrupção que atinge dezenas de deputados e quase todos os partidos relevantes do Congresso – como ocorreu no Brasil em 2005 e 2006 –, a oferta de candidatos na eleição seguinte é tão grande que o cidadão se sentirá tentado a pinçar um nome. O voto preferencial funciona como uma válvula de escape que trabalha a favor da legitimidade do sistema político e é inexistente no sistema de lista fechada.

Na lista aberta, os eleitores têm a chance de punir o mau parlamentar. Na lista fechada, essa é uma prerrogativa exclusiva do partido.

2.2 – Sobre o candidato

O principal efeito esperado das listas sobre os pretendentes a uma cadeira no Parlamento é o modo como eles farão sua campanha rumo ao Legislativo. No sistema de lista fechada, os candidatos têm incentivo para cultivar laços partidários, sobretudo com os líderes, que são, tipicamente, os responsáveis por incluir, promover, rebaixar, excluir, enfim, ordenar, na lista, os nomes dos aspirantes ao mandato parlamentar. No sistema de lista aberta, os candidatos têm incentivo a cultivar laços com os eleitores, pois é o voto desses que define quem ocupará os primeiros lugares na lista partidária. Com isso, o candidato volta-se para fora do partido, para as demandas dos eleitores. Na lista fechada, por outro lado, o candidato volta-se para dentro do partido, que se torna, a rigor, o seu principal distrito eleitoral (Carey e Shugart, 1995).

A conseqüência desses diferentes incentivos para a estratégia eleitoral é que, na lista aberta, os candidatos são levados a investir em sua reputação pessoal, enquanto na fechada, uma vez que a lista já está ordenada, eles podem se concentrar na estratégia de investir na reputação partidária.

Carey e Shugart (1995) foram precursores ao desenvolver um modelo para medir os incentivos que os sistemas eleitorais dão ao cultivo da reputação pessoal em contraste com o cultivo da reputação partidária. Os autores definem a reputação pessoal afirmando que ela é importante "se as perspectivas eleitorais de um político crescem como resultado de ser pessoalmente bem conhecido e benquisto pelos eleitores. Quanto mais isso importa, mais valiosa é a reputação pessoal". A definição de reputação partidária é mais breve: "refere-se à informação que a marca partidária transmite aos eleitores num determinado distrito eleitoral".

Em 2001, Shugart reformulou o modelo: simplificou a operacionalização, enxugando de quatro para três os atributos das fórmulas eleitorais que informam se um sistema incentiva mais o voto pessoal ou o voto partidário.

O primeiro atributo, Cédula Eleitoral (*Ballot*), revela como os candidatos ganham acesso à candidatura e em que medida os eleitores podem interferir na cédula eleitoral. O segundo, Voto (*Vote*), capta o grau com que os eleitores dão votos nominais ou preferenciais em oposição a votos de lista (fechada). O terceiro, Distrito (*District*), tenta mensurar os efeitos da alta magnitude do distrito em sistemas que são basicamente centrados no partido ou basicamente centrados no candidato.[32]

Cada atributo ou variável gera uma pontuação. Escores negativos em qualquer variável indicam características que empurram o sistema para o pólo centrado no candidato e, logo, apontam para a importância da reputação pessoal. Escores positivos indicam atributos que empurram o sistema para o pólo centrado no partido e, portanto, apontam para a relevância da reputação partidária.

Somadas as pontuações das três variáveis, verificou-se um contínuo, cujos extremos são os sistemas de lista fechada, como Portugal, Espanha e Venezuela pré-reforma, que se configuraram como os mais centrados no partido (hipercentralizados), e os sistemas SNTV (*Single Non-Transferable Vote*), a exemplo de Colômbia e Japão pré-reforma, que se caracterizaram como os mais centrados no candidato (hiperpersonalistas).

A operacionalização, contudo, apresenta problemas e classifica sistemas muito parecidos em posições diferentes, o que já ocorrera no modelo de 1995. Essa limitação é especialmente acentuada em relação aos sistemas proporcionais que utilizam o voto preferencial (Nicolau, 2006a). É o caso de países de lista aberta, como Brasil, Finlândia e Polônia (os autores também consideram o Chile), que, apesar de adotarem basicamente o mesmo sistema eleitoral, aparecem em posições distantes na classificação.

Esses posicionamentos discrepantes ocorrem, basicamente, devido a três razões. Primeiramente, porque Shugart, em 2001, dá o escore 0

---

[32] O atributo Agregação (*Pool*), que em 1995 era uma variável separada para medir se o voto dado ao candidato contribuía ou não para seu partido como um todo, foi integrado à variável Voto.

(zero) para sistemas em que o eleitor é obrigado a votar em candidatos (como Finlândia e Chile[33]), enquanto confere o escore -1 (menos um) para sistemas em que o eleitor também tem a opção de votar na legenda (como no Brasil). No nosso entender, porém, a pontuação deveria ser inversa. Ao obrigar o eleitor a dar um voto preferencial, o sistema de lista aberta desses países dá mais incentivo ao personalismo do que o praticado no Brasil, que permite o voto de legenda.

As outras duas razões referem-se à primeira classificação, de 1995. Nela, o Brasil surge como mais personalista do que a Finlândia porque, diferentemente do que ocorre no país europeu, a legislação brasileira permite que os partidos lancem mais candidatos do que o número de cadeiras em disputa no distrito, o que aumentaria a competição intrapartidária. Acontece que, com pouca freqüência, os partidos brasileiros preenchem a cota de candidatos a que têm direito lançar[34]. E mesmo se preenchessem, isso não significaria, necessariamente, mais competição entre os candidatos do mesmo partido, como veremos ainda nesta seção.

Por fim, Carey e Shugart cometeram um equívoco ao considerar que os líderes partidários no Brasil não têm controle sobre quais devem ser os candidatos da agremiação. A avaliação dos autores apoiou-se no instituto da candidatura nata, que garantia aos candidatos com mandato a presença na lista do partido na eleição seguinte. Ora, em primeiro lugar, a candidatura nata seria extinta a partir do pleito de 2002 e, mesmo antes, havia vigorado apenas em algumas eleições. Em segundo lugar, quando em vigor, essa suposta liberdade em relação aos líderes partidários só podia ser exercida por um número de candidatos muito reduzido – os detentores de mandato – face ao total dos concorrentes. Em terceiro lugar, o próprio fato de que esta provisão tentava assegurar acesso à

---

[33] O país, como foi ressaltado no capítulo 2, tem distritos binominais, o que leva alguns autores a considerá-lo um sistema mais majoritário do que proporcional.

[34] Para estados com mais de 20 representantes, o limite para partidos é de duas vezes a magnitude do distrito e para coligações é de duas vezes e meia. Para estados com menos de 20 deputados federais, os limites são uma vez e meia (partidos) e duas vezes (coligações).

lista para aqueles que já possuíam mandato demonstra que não se tratava de uma liberdade, mas, sim, de uma proteção frente ao poder da direção partidária (Figueiredo e Limongi, 2002a, p.307).

Explorar esses pontos minuciosos é importante para este trabalho, na medida em que eles revelam como é complexo calcular o grau com que os candidatos cultivam a reputação pessoal dentro de um determinado sistema. Pippa Norris, por exemplo, considera que a lista aberta fornece menos incentivo ao voto pessoal do que o sistema uninominal (Norris, 2002, p.13). Em Shugart (2001), um ponto acima no escore da variável Voto representaria um salto para o Brasil, cujo sistema eleitoral deixaria de figurar entre os mais personalistas.

Uma das dificuldades do estudo do personalismo se baseia no fato de que, como observa Jairo Nicolau, "não é possível interpretar o voto em candidatos como expressão pura e simples do voto personalizado porque muitos eleitores com vínculos mais permanentes com os partidos preferem, muitas vezes, votar em um nome específico da lista" (Nicolau, 2006a, p.17).

Isso mostra que é preciso relativizar a idéia de que o voto partidário é extremamente desimportante no Brasil. Com o aprendizado acumulado, é plausível imaginar que os eleitores evitem dar o voto de legenda, pois sabem que esse ato, na verdade, representa uma abstenção na dimensão intrapartidária, que deixa a escolha dos candidatos para outros eleitores. Figueiredo e Limongi (2002a, p.310) lembram que argumentos baseados na dicotomia voto pessoal/voto partidário assumem a existência de um *trade-off* entre essas duas alternativas. No entanto, em sistemas onde há transferência de votos no interior da lista, como é o caso da lista aberta, "votos pessoais e partidários são complementares e dificilmente distinguíveis".

Nicolau (2006a, p.12) ressalva que o reconhecimento de que as campanhas são centralizadas nos candidatos não significa dizer que elas sejam somente centralizadas nos candidatos. O autor cita a utilização do Horário Gratuito de Propaganda Eleitoral (HGPE) para a divulgação da marca partidária e o pedido dos partidos para que os eleitores votem na legenda na disputa para cargos proporcionais. Nicolau, no entanto, considera marginal essa influência dos partidos nas campanhas eleitorais, à exceção do PT e do PCdoB.

A importância do horário eleitoral para a construção e manutenção da imagem partidária foi enfatizada por Schmitt *et al.* (1999). Para os autores, "o HGPE pode se contrapor à tendência do sistema eleitoral brasileiro de produzir campanhas legislativas puramente individualistas" (1999, p.277), uma vez que a imagem dos candidatos a cargos proporcionais é vinculada às siglas partidárias e aos candidatos ao Executivo. O horário eleitoral não seria apenas uma "sucessão frenética" de candidatos, sem qualquer referência ou alusão a partidos e propostas políticas.

De todo modo, é importante observar um ponto: o personalismo não é um mal em si. Como veremos no próximo capítulo, ele fornece vantagens em termos de responsabilização e prestação de contas que os representantes devem manter perante os representados. Vários países, como Venezuela, Bolívia e Dinamarca, buscaram incentivar uma relação pessoal entre políticos e eleitores. A personalização da política é um elemento-chave na lei eleitoral da Alemanha, onde o sistema distrital misto é chamado de "representação proporcional personalizada" (Mayorga, 2001a, p.205).

Sistemas de lista fechada também têm suas nuances, como o tipo de elite partidária que controla as candidaturas: se nacional, regional ou local – algo que não é captado pelos modelos de Shugart e Carey. A análise ganharia um grau de complexidade ainda maior se, como necessário, levássemos em conta outras variáveis além das que compõem o sistema eleitoral. Carey e Shugart admitem, na conclusão, que outros fatores, ao lado das regras eleitorais, claramente afetam o valor da reputação pessoal, a exemplo do sistema de governo: no presidencialismo, segundo os autores, esse valor tende a ser mais alto do que no parlamentarismo.

Carey e Shugart sugerem outras maneiras de se operacionalizar a variável dependente (o valor da reputação pessoal), tais como pesquisas de opinião, disciplina partidária, gastos de campanha, emendas particularistas, a autonomia das comissões parlamentares e o resultado das políticas públicas. Contudo, ressaltam, todas essas alternativas apresentam problemas metodológicos para uma pesquisa comparativa que englobe um leque amplo de países, pois as informações não estão disponíveis, são muito custosas para se coletar ou descrevem apenas parcialmente a variável dependente.

O que fica de lição é que os modelos de Carey e Shugart (1995) e Shugart (2001) fornecem uma imagem imprecisa, que apenas aponta a direção para onde a reputação pessoal ou partidária sobe ou aumenta. Por isso, devem ser considerados com reservas, principalmente em se tratando de sistemas de voto preferencial.

Com relação aos sistemas de lista fechada, entretanto, há menos controvérsia. Os modelos confirmam o consenso na literatura de que esses são os sistemas mais refratários ao cultivo da reputação pessoal e os mais incentivadores da construção da reputação partidária. Essa característica acarreta vantagens e desvantagens. Citemos, brevemente, apenas uma de cada, já que estes dois pontos serão desenvolvidos no próximo capítulo: por um lado, ao inibir o cultivo da reputação pessoal, a lista fechada provoca conseqüências deletérias para a *accountability*; por outro, ao reforçar a reputação partidária, o sistema gera o efeito desejável de aumentar a disciplina partidária, uma vez que os parlamentares são eleitos com votos exclusivamente dados ao partido.

Enquanto isso, a lista aberta é menos determinante para os resultados do sistema político e abre mais espaço à influência de outras variáveis, eleitorais ou não.

Vejamos a questão da competição intrapartidária. Na lista fechada, a disputa entre candidatos do mesmo partido é transferida do período eleitoral para o período pré-eleitoral (Limongi, 2003, p.465, Schmitt *et al.*, 1999, p.281-282). Antes de o partido escolher os nomes que irão compor a sua lista, os pretendentes a uma cadeira no Parlamento tentam se diferenciar de seus adversários internos. A lista fechada não elimina a necessidade de se construir uma reputação pessoal, mas a circunscreve dentro dos limites da agremiação. O candidato "ideal" deve ter experiência partidária prévia e ter provado ser um membro disciplinado do partido. O político profissional típico é o *backbencher* (parlamentar do baixo clero) (Matuschek, 2003, p.342-343). Na Alemanha, ele deve percorrer o que é chamado de *Ochsentour* (caminho de boi). Começa assumindo responsabilidade em posições menos atraentes dentro do partido, subindo a escada política de maneira árdua, até ser recompensado com uma oportunidade de entrar no Parlamento, uma trilha que leva em média 10,5 anos (Wessels, 1997, p.87-88).

Já em 1918, Max Weber, no seu clássico *A Política Como Vocação*, foi um dos primeiros a criticar essa forma de recrutamento e socialização política, que, para ele, refletia a enorme tradição burocrática alemã.

> "Só há, porém, a escolha entre a democracia com liderança, com uma "máquina", e a democracia sem líder, ou seja, o domínio dos políticos profissionais sem vocação, sem as qualidades carismáticas íntimas que fazem o líder, e isso significa aquilo que os insurgentes de um partido habitualmente chamam de 'domínio de grupo'" (Weber, 1971, p.136-137).

Esse domínio de grupo permite que o partido regule a luta interna pré-eleitoral, embora isso não elimine o conflito, seja entre facções partidárias, entre candidatos novos e antigos ou entre líderes e filiados. No período eleitoral, contudo, a disputa interna é desnecessária e irracional. A hierarquia dos nomes na lista já está definida e o principal objetivo passa a ser conquistar os votos dos eleitores para o partido. Nesse momento, sistemas de lista fechada, de fato, rechaçam a competição intrapartidária.

A lista aberta, em contraste, fornece menos estímulos à disputa intrapartidária no período pré-eleitoral e os concentra na campanha eleitoral propriamente dita. Fornecer mais ou menos estímulos, entretanto, não significa que o impacto desses incentivos seja independente de outras variáveis.

Na lista aberta, o período pré-eleitoral é menos decisivo que na lista fechada. Como são os eleitores que vão definir, com seus votos, a colocação final dos candidatos, a verdadeira disputa só acontece durante a campanha. Ainda assim, os pretendentes precisam garantir, previamente, suas candidaturas. A lista é aberta à interferência dos votos dos eleitores, mas precisa se fechar em torno de um determinado número de nomes. Quantos e quais serão esses nomes, isso cabe aos líderes do partido definir. Os candidatos são escolhidos por meio de eleições indiretas chamadas convenções, e são eleitos por delegados do partido.

"De acordo com Mainwaring (1999: 249), embora as convenções tenham autoridade formal sobre a seleção de candidatos, elas quase sempre ratificam acordos que foram feitos por dirigentes do partido e autoridades do governo antes da realização da convenção. Em geral, apresenta-se à convenção uma chapa única, combinada e definida anteriormente" (Leoni *et al.*, 2003, p.48).

Logo, os líderes têm controle sobre as candidaturas. Nesse excerto acima, é curioso observar quem os autores brasileiros estão citando, porque, paradoxalmente, Mainwaring foi quem escreveu o artigo mais feroz contra o sistema de lista aberta tal como praticado no Brasil. Entre inúmeras críticas, Mainwaring espantava-se: "Nenhuma democracia do mundo ocidental dá aos políticos tanta autonomia em relação a seus partidos quanto o Brasil" (1991, p.42).

Para o autor, as regras eleitorais brasileiras gerariam um comportamento individualista e antipartidário (1991, p.36). Essa autonomia começaria pelo suposto alto grau de competição intrapartidária das campanhas eleitorais. É lógico que a lista aberta fornece incentivos para que candidatos do mesmo partido compitam entre si. Afinal, o candidato, para se eleger, precisa estar entre os nomes mais votados do seu partido. Mas esse estímulo não deve ser exagerado, pois há uma grande transferência de votos: tanto os votos dos candidatos derrotados quanto os votos daqueles que superaram o mínimo exigido para se obter uma cadeira (quociente eleitoral) são transferidos e ajudam a eleger colegas do mesmo partido.

Mainwaring chega a afirmar que "entre os partidos sempre-cabe-mais-um (*catch-all*), a competição intrapartidária é freqüentemente – e talvez usualmente – mais acirrada do que a competição interpartidária" (1991, p.43). Ao tentar provar esse ponto, ele recorre a um argumento que contradiz toda a sua tese de que as regras eleitorais brasileiras são responsáveis, em particular, pela baixa identificação partidária e, em geral, pela baixa institucionalização dos partidos.

"[...] os candidatos podem normalmente fazer incursões eleitorais contra seus próprios colegas de partido com maior facilidade do que contra candidatos de outros partidos. Tomar votos de um candidato de outro partido é mais difícil porque, na medida em que o eleitorado associa vagas aspirações e imagens a diferentes partidos, é menos provável que um eleitor mude para um candidato de outro partido" (Mainwaring, 1991, p.43).

Ou seja, com esse trecho, o autor acaba assumindo que o eleitor brasileiro vota partidariamente, como destacaram Figueiredo e Limongi (2002a, p.309).

A competição intrapartidária não é fácil de ser avaliada empiricamente (Nicolau, 2006a). Mas no Brasil ela está muito longe da imagem de anarquia ou guerra civil, pintada por certos autores. Vários fatores dão incentivos para a cooperação entre candidatos do mesmo partido ou pelo menos evitam que eles disputem os mesmos eleitores:

Em primeiro lugar, o sistema de lista aberta fornece, estruturalmente, estímulos à união partidária. O primeiro critério para a alocação das cadeiras, como em todos os sistemas de lista, é o total de votos dado à agremiação. O partido que não obtém os votos necessários para atingir o quociente eleitoral (o número de votos válidos dividido pelo número de vagas em disputa) está fora da distribuição das cadeiras. Essa é uma ameaça vivida pelos pequenos partidos. A formação de coligações com outros partidos é um meio de ultrapassar o quociente eleitoral, que funciona como uma espécie de cláusula de barreira. A necessidade de recorrer às coligações mostra que se a busca de um partido solitário por uma cadeira pode ser infrutífera, que dirá o esforço individual de um candidato. A história eleitoral brasileira está cheia de casos de candidatos que tiveram expressivas votações, mas não se elegeram porque o partido não superou o quociente eleitoral, isto é, não agregou os votos necessários. A agregação de votos é um importante indutor da solidariedade partidária. Nesse sentido, a lista aberta contém um mecanismo que está ausente nos sistemas, de fato, hiperpersonalistas do "cada um por si", como o SNTV, que era praticado no Japão, em que os votos dados a um candidato não podiam ser transferidos para os colegas de partido. A reforma eleitoral japonesa nos anos 90, aliás, tinha como principal objetivo atacar essa desenfreada competição entre correligionários. No sistema de lista aberta, diferentemente, "a competição intrapartidária não suplanta a interpartidária" (Figueiredo e Limongi, 2002a, p.309).

Em segundo lugar, toda direção partidária tem interesse em elaborar e coordenar uma estratégia eleitoral minimamente racional. É importante evitar que candidatos do partido disputem o mesmo eleitorado enquanto há outros eleitores que não estão sendo cortejados ou, o que é pior, estão sendo assediados por candidatos de outros partidos. Por isso, a montagem da lista de candidatos é um fator fundamental para a estratégia eleitoral. O assunto até hoje foi alvo de poucas pesquisas. Mas é conhecida, por exemplo, a estratégia das igrejas evangélicas de evitar que candidatos (pastores, bispos) de uma mesma região disputem o voto dos fiéis. Se um setor da sociedade se organiza desse modo, não há porque pensar que os partidos políticos, que dependem do sucesso eleitoral para sua sobrevivência, atuem de modo diferente, irracional.

A noção difundida de que a melhor estratégia é lançar o maior número de candidatos possível, além de simplista, não encontra respaldo empírico. Vejamos o pleito para deputado federal no estado do Rio de Janeiro, em 2006. Os sete partidos que concorreram isoladamente tinham direito, cada um, a lançar 92 candidatos (duas vezes o número de cadeiras em disputa), enquanto as nove coligações formadas tinham direito, cada uma, a lançar 115 candidatos (duas vezes e meia o número de cadeiras). Se partidos e coligações preenchessem suas listas com o máximo de nomes, teriam sido lançados 1.679 candidatos a deputado federal. O número, porém, foi de 751. Ou seja, menos de 45% do limite disponível. A média dos partidos que concorreram sozinhos foi de 33 candidatos, o que significa que lançaram apenas 36% do total a que tinham direito. Os que listaram mais nomes foram o PDT e o Prona (56 candidatos, ou 61%); o que listou menos foi o PCO (apenas dois candidatos, ou 2%). As coligações tiveram, em média, 58 candidatos, ou seja, usaram 50% do limite. Entre elas, dois partidos, PCB e PSTU, tornaram a competição intrapartidária algo impossível, ao lançarem apenas um candidato. Esses números mostram que a possibilidade de competição entre correligionários já é evitada ou regulada antes mesmo que a campanha eleitoral comece.

Lançar poucos candidatos é uma estratégia utilizada com bastante sucesso, por exemplo, pelo PCdoB. Em 2002, lançou apenas quatro nomes, concentrando recursos partidários na puxadora de votos Jandira Feghali, que se elegeu. Entretanto, estratégia assim é exceção.

Na eleição para deputado federal no Rio, em 2006, os partidos pareceram se direcionar para um ponto de equilíbrio na casa dos 30 candidatos (cerca de um terço do limite permitido para os partidos e de dois terços da magnitude do distrito).

As agremiações que elegeram deputados, seja disputando sozinhas ou em coligações, lançaram, em média, 33 candidatos. Coincidentemente, essa também é a média dos partidos que concorreram sozinhos. Os três partidos que elegeram mais deputados, PMDB (dez eleitos), PT (seis) e PFL (cinco), lançaram 31, 25 e 24 candidatos, respectivamente – média de 27 (ou 29% do permitido para um partido que concorra sozinho). Os dados sugerem que o importante não é a quantidade de candidatos – possivelmente porque o efeito da profusão de nomes pode ser o inverso, o de atrapalhar, fragmentando, por exemplo, o tempo de exposição de cada um deles no horário eleitoral gratuito na TV. A questão, então, é a qualidade, ou melhor, o tipo de candidato – o que indica a relevância do processo de seleção interno e da coordenação feita pela direção partidária. Se são lançados bem menos nomes do que o permitido, é plausível supor que partidos que agem racionalmente ponham na lista candidatos que não dividam o mesmo eleitorado. Para Nicolau (2006a, p.9), os organizadores da lista levariam em conta "critérios geográficos, atraindo nomes de diversas regiões do estado e evitando superposições de candidatos da mesma área, e tenderiam a privilegiar nomes com prestígio junto a setores específicos do eleitorado"[35].

Em terceiro lugar, a idéia de alta competição intrapartidária carrega, implícita, a noção de que todos os candidatos são mais ou menos iguais entre si, o que não é verdade. O grande puxador de votos dificilmente será visto como adversário interno pelos candidatos do partido que têm níveis mais baixos de apoio eleitoral. Esses aspirantes tendem a torcer a favor e não contra a popularidade de seu colega de partido. Quanto mais votos o puxador trouxer para a legenda, maiores as chances desses candidatos se elegerem. O puxador só será uma ameaça interna se obtiver votos em cima dos redutos eleitorais específicos desses candidatos. E, mesmo assim, isso não lhes é fatal para alcançar o sucesso, uma vez que esses votos continuam a contar para o partido. O pior dos mundos seria perder votos para concorrentes de outros partidos, o que significa uma "perda total". É certo que perder votos para colegas de partido a ponto de influenciar a diferença entre se eleger ou não se eleger também é uma "perda total", mas essa possibilidade é restrita. Se o partido lançou, digamos, 30 candidatos e obteve, no estado, cinco cadeiras para a Câmara dos Deputados, uma eventual perda de votos para concorrentes da mesma legenda poderá ter sido fatal para aquele que terminou em sexto ou sétimo lugar, mas não para todos os candidatos do partido. O ponto a ressaltar é que candidatos têm *status* e perfis diferentes. Uns são mais fortes que outros. Uns tentam a reeleição, são puxadores de votos, outros estão apenas iniciando. Certos candidatos cultivam redutos em regiões ou segmentos da sociedade que não guardam qualquer

---

[35] O autor verificou que nenhum partido, em nenhum estado, conseguiu preencher o limite disponível de candidaturas individuais nas eleições de 1994, 1998 e 2002 para a Câmara dos Deputados.

proximidade com os redutos de seus colegas de partidos (essa diversidade de perfis, aliás, mostra que, mesmo se as agremiações lançassem o máximo de nomes a que têm direito, não decorreria daí, compulsoriamente, alta competição intrapartidária, pois a organização racional da lista poderia evitá-la).

A conseqüência de haver *status* e perfis diferentes é que a coordenação partidária não tratará indivíduos diferentes de maneira idêntica. A divisão desigual de tempo do horário eleitoral gratuito entre os candidatos, com destaque para os puxadores de votos, é um exemplo desse tratamento diferenciado. Para Schmitt *et al.* (1999, p.297), essa estratégia refletiria uma espécie de ordenamento informal das listas partidárias no Brasil, cuja influência é relevante, ainda mais se levando em consideração que o horário eleitoral é um dos espaços centrais da campanha dos candidatos a cargos legislativos proporcionais. Do mesmo modo que há o conceito de partidos relevantes (isto é, os que realmente contam) na arena legislativa, há candidatos efetivos, relevantes na arena eleitoral. Uma maneira de se medir a competição intrapartidária seria analisar o padrão de distribuição de votos entre os candidatos do partido. Nossa hipótese é que um dos modos de haver concorrência dentro do partido se dá de forma estratificada: quanto maior a diferença de votos e do cacife eleitoral entre os candidatos, menor será a competição entre eles.

Por fim, como até Mainwaring admitiu, a competição intrapartidária limita-se aos candidatos que disputam o mesmo cargo: "Há freqüentemente solidariedade intrapartidária entre pessoas que concorrem para cargos diferentes" (1991, p.43).

O tema da competição intrapartidária, posta em termos mais realistas e menos alarmantes, nos remete a outro: o da competitividade em geral entre candidatos, que traz consigo a questão da incerteza. Para os políticos profissionais, a lista aberta é, de fato, bem mais instável que a lista fechada. A competição entre candidatos dos mesmos e de diferentes partidos se dá em campo aberto – as ruas, os palanques, os meios de comunicação – e sofre a intervenção dos caprichos e humores de um ator político sobre o qual nem sempre se têm informações precisas: o eleitor. Há, portanto, mais incerteza.

Na lista fechada, no período eleitoral, essa competição inexiste, pois os nomes já estão ordenados e o cidadão não pode dar um voto de preferência. No período pré-eleitoral, há competição, mas ela se dá dentro de "casa" – o partido – e é decidida por alguém que o aspirante a candidato conhece bem, o dirigente partidário, um político como ele. Há, logo, mais previsibilidade.

A incerteza gerada pela lista aberta, afirmam seus críticos, fomentaria uma característica negativa do sistema: os altos gastos de campanha. Como os candidatos são os principais responsáveis pela arrecadação de recursos para a candidatura e precisam se diferenciar de centenas de outros, eles seriam levados a despender mais dinheiro na tentativa de diminuir a incerteza de sua eleição. O grande tamanho dos distritos no Brasil contribuiria ainda mais para aumentar os custos, já que obrigaria os candidatos a divulgar seus nomes em estados cuja área territorial assemelha-se à de certos países. A solução para o problema seria adotar um sistema supostamente mais econômico. Os mais citados são o sistema de maioria simples e o de lista fechada. O primeiro porque circunscreve os distritos a pequenas porções do território nacional e reduz drasticamente o número de candidatos a um por partido em cada distrito. O segundo porque acaba com a competição entre centenas de candidatos e limita os gastos a poucos atores, os partidos. Analisemos esses dois argumentos.

Primeiramente, não há relação comprovada entre os custos de campanha e o tamanho do distrito (Nicolau, 1993, p.97; Samuels, 2001). Eleições para prefeito são realizadas pelo sistema uninominal e nem por isso custam menos que as de deputado federal. A ênfase no tamanho do distrito pressupõe que os candidatos a deputado federal no Brasil fazem campanha em toda a circunscrição eleitoral, o que não é verdadeiro, principalmente nos grandes estados.

Diferentemente dos sistemas majoritários, em que o político procura atingir o eleitor mediano, nos sistemas proporcionais (com voto preferencial) o candidato tende a visar o voto de grupos específicos, pois o apoio de uma pequena fatia do eleitorado já é capaz de garantir a eleição.

Barry Ames (1995) fez a mais conhecida tipologia sobre as diferentes estratégias que os candidatos a deputado federal utilizam sob o sistema de lista aberta no Brasil. O autor mostra que, embora possam procurar votos em qualquer lugar do estado, a maioria dos candidatos limita sua campanha geograficamente. Ames destaca quatro padrões espaciais de distribuição de votos:

1) concentrado/dominante: é o clássico reduto eleitoral, onde o político tem a maior parte de seus votos concentrada num grupo de municípios vizinhos, nos quais ele domina, atingindo altíssimos percentuais de votação;

2) concentrado/compartilhado: quando o candidato tem sua votação concentrada numa área, mas não a domina, compartilhando-a com muitos outros concorrentes; é um padrão típico das regiões metropolitanas das capitais, pois o candidato pode se eleger obtendo o apoio de uma porcentagem muito baixa de um imenso eleitorado urbano;

3) disperso/compartilhado: quando o candidato tem sua votação espalhada por vários municípios do estado e não domina nenhum deles. Ames dá como exemplo desse padrão os políticos ligados a grupos fortemente coesos, como os evangélicos e os descendentes de japoneses;

4) disperso/dominante: esse tipo de candidato tem sua votação espalhada em vários municípios, onde recebe apoio maciço. Ames afirma que esse padrão é típico de políticos que foram secretários estaduais e tiveram oportunidade de travar fortes vínculos clientelistas com muitas cidades do estado, e de candidatos que fazem acordos com líderes locais, oferecendo projetos clientelistas em troca de votos.

Essa tipologia de Ames mostra que pode haver várias estratégias e, em conseqüência, diferentes custos de campanha associados a cada uma delas.

Com relação à economia de custos que seria proporcionada pela lista fechada, embora não seja uma garantia, ela é factível. Elimina-se a competição entre os candidatos e fica-se apenas com a disputa entre os partidos. Para seus defensores, a redução no número de atores teria uma vantagem adicional: em vez de ser responsável pela fiscalização de milhares de candidatos como hoje, a Justiça Eleitoral se concentraria nas contas dos partidos, melhorando o combate à corrupção.

Finalmente, chegamos ao tema que, para os críticos da lista aberta, é o desdobramento final de uma cadeia de fatores perniciosos do sistema brasileiro: alta magnitude, alto número de candidatos, alta competitividade, alta incerteza eleitoral, altos gastos de campanha... alta corrupção.

A lista fechada, segundo seus advogados, representaria uma grande depuração porque, com ela, seria possível introduzir o financiamento exclusivamente público de campanha[36]. O argumento é que esse modelo de financiamento seria mais democrático (pois reduziria a vantagem dos candidatos que têm mais dinheiro) e mais limpo e transparente (por facilitar a fiscalização das contas). A transferência de dinheiro público para campanhas políticas seria mais justificável perante a sociedade porque, com a lista fechada, os recursos se destinariam às campanhas dos partidos e não de candidatos individuais.

Juntos, lista fechada e financiamento público de campanha quebrariam os incentivos à corrupção. Evitariam que candidatos comprassem votos dos eleitores (pois o sistema estaria estruturado em torno do cultivo do voto partidário) e minimizariam o problema do recebimento de recursos não contabilizados, o chamado caixa dois (pois os infratores, políticos e financiadores privados, seriam mais fiscalizados e severamente punidos).

Esses benefícios, porém, são duvidosos. Em primeiro lugar, a corrupção poderia apenas mudar de alvo: em vez de comprar votos de eleitores, os candidatos comprariam os melhores lugares da lista partidária, pagando propina aos líderes. Em segundo lugar, não há garantia

---

[36] Atualmente, o modelo é de financiamento parcialmente público, pois os partidos recebem recursos da União por meio do fundo partidário e da utilização do horário eleitoral gratuito, que, apesar do nome, não é de graça; o Estado recompensa rádios e TVs, concedendo isenção fiscal.

de que o uso do caixa dois seria freado. Isso nos leva a pensar que, em eventuais escândalos, o sentimento de indignação da sociedade seria ainda maior, pois recursos públicos estariam sendo pagos para custear as campanhas eleitorais de partidos políticos corruptos.

Ademais, mesmo que não houvesse irregularidades, seria questionável utilizar a lista fechada como meio de atingir um objetivo (o financiamento público de campanha) que enfatiza um aspecto – o combate à corrupção –, enquanto uma mudança de tal porte no sistema eleitoral tem impacto numa série de outras dimensões do sistema político, como veremos neste trabalho.

O mais importante de tudo, no entanto, é que a relação entre sistemas eleitorais e corrupção é bastante controversa na literatura. Estudos apontam resultados contraditórios (Manow, 2002). Kunicová e Rose-Ackerman (2005) afirmam que sistemas de maioria simples são menos propícios à corrupção que os proporcionais, e que, entre esses últimos, os sistemas de lista aberta (incluídos os de lista flexível) impedem mais a corrupção do que os de lista fechada. As autoras também analisam a influência dos sistemas de governo e chegam à conclusão de que a pior combinação de instituições é o presidencialismo com a lista fechada (2004, p.5, 34).

Kunicová e Rose-Ackerman limitam sua análise à corrupção que enriquece os políticos pessoalmente. Elas não discutem o outro aspecto da corrupção – o uso de fundos de campanha pelos políticos para comprar votos dos eleitores. Tal corrupção, afirmam, é similar aos projetos clientelistas financiados com o orçamento do governo; a diferença é que o pagamento é feito com dinheiro privado da campanha dos candidatos. Com o voto secreto, entretanto, esse tipo de corrupção seria marginal, persistindo apenas em algumas democracias emergentes, defendem Kunicová e Rose-Ackerman.

Para as autoras, sistemas proporcionais põem eleitores e partidos de oposição diante de sérios problemas de ação coletiva para monitorar os políticos corruptos, sobretudo os detentores de mandato. A lista fechada dificultaria ainda mais o monitoramento coletivo ao aumentar o poder dos líderes partidários. Nessa pesquisa, cuja amostra tem 94 países, a principal variável explicativa é a capacidade de monitoramento.

Chang (2004) chega a outros resultados, baseando-se num mecanismo causal distinto: a incerteza eleitoral. O autor afirma que a lista aberta é mais propensa à corrupção porque, como os votos pessoais são caros e fundamentais para se ganhar uma eleição, a incerteza dos políticos em relação às suas chances de vencer leva-os a recorrer à corrupção para financiar suas campanhas. Entre os detentores de mandato, esse problema atingiria especialmente os candidatos do baixo clero, eleitoralmente mais vulneráveis, segundo Chang. Essa hipótese, lembra o autor, vai contra a visão tradicional de que a incerteza eleitoral tem um efeito anticorrupção. No sistema de lista aberta, tal efeito seria neutralizado por causa da intensa competição intrapartidária. Enquanto a competição interpartidária seria saudável porque disciplina os políticos e reprime a corrupção, a intrapartidária seria inevitavelmente prejudicial, devido aos custos políticos mais altos. As pressões financeiras levariam os políticos a aceitar pagamentos ilegais, tornando a corrupção política "um mal necessário aos olhos dos candidatos".

A pesquisa de Chang, entretanto, tem como grande limitação o fato de estudar apenas um país, a Itália pré-1994, e considerar os resultados aplicáveis a outros sistemas onde o voto pessoal é determinante (como a lista flexível, o SNTV e as eleições primárias dos Estados Unidos). A Finlândia, por exemplo, que utiliza a lista aberta, foi apontada em 2006 como o país menos corrupto do mundo, ao lado da Islândia e da Nova Zelândia[37] – uma classificação que desafia o argumento de Chang.

Manow (2002, p.2) cita o trabalho de Persson *et al*. (2003, p.975-978), autores que afirmam ter encontrado evidências de que os sistemas proporcionais de lista partidária, em geral, estão mais associados a taxas significativas de corrupção política. Por outro lado, há estudos que se referem aos modelos majoritários como os mais corruptos, ao enfatizarem a relação en-

---

[37] Fonte: Índice Anual de Percepções de Corrupção (2006), da ONG Transparência Internacional (*O Globo*, 7 de novembro de 2006, p. 9).

tre corrupção e barreiras de entrada erguidas pelos sistemas eleitorais (*The World Bank*, 2002, p.109).

Regras eleitorais podem criar obstáculos à eleição de partidos ou de candidatos. Como vimos no capítulo 2, sistemas majoritários tendem a concentrar a disputa entre dois partidos. Uma vez que novos partidos encontrem dificuldade para obter representação no Parlamento, é mais difícil para eles desafiar partidos corruptos que estão no poder. De modo semelhante, a lista fechada representaria uma barreira de entrada para novos candidatos. Seus eleitores só podem votar contra partidos e não contra candidatos individuais considerados corruptos. Como conseqüência, os políticos têm menos razão para temer a possibilidade de serem punidos nas urnas por causa de práticas corruptas.

Logo, pesquisas que chegam a resultados tão díspares nos mostram que as tentativas de se associar corrupção a sistemas eleitorais formam um panorama inconclusivo.

2.3 – Sobre o partido como organização

Um partido pode ser estudado, analiticamente, pelo seu comportamento em duas arenas distintas: a eleitoral e a legislativa. Nesta seção, trataremos do impacto das listas aberta e fechada sobre o partido como organização, ou seja, como maquinaria que tem entre suas principais missões a de ganhar eleições. O efeito sobre o partido parlamentar, cujo objetivo é influenciar o processo decisório, será abordado no próximo capítulo.

Em todas as democracias, uma das funções centrais do partido como organização é determinar quem poderá se candidatar. Essa tarefa pode ser exercida de modo mais ou menos centralizado. O grau de centralização pode ser expresso num contínuo que vai dos processos mais abertos, como as primárias (que têm a participação de eleitores e filiados dos partidos), aos mais fechados (cuja escolha dos candidatos é determinada por uma reduzida elite de dirigentes ou por um único chefe).

Uma noção bastante disseminada, embora não livre de controvérsia, é a de que procedimentos mais abertos, "frouxos", abrem espaço para o comportamento individualista dos políticos, que constroem laços pessoais com os eleitores, enfraquecendo os partidos; por outro lado, procedimentos mais centralizados fortalecem a direção partidária e a relação com os eleitores em torno de vínculos organizacionais.

Como apontamos no capítulo 1, há alguma relação entre o tipo de sistema proporcional de lista e os procedimentos de seleção adotados pelos partidos que atuam sob o respectivo modelo. Em sistemas de lista fechada, os partidos, tipicamente, escolhem seus candidatos de modo centralizado, pois o objetivo é que os membros da agremiação ajam disciplinadamente em torno das diretrizes traçadas pela direção partidária. A proibição do voto preferencial nas urnas evita que os candidatos cultivem vínculos pessoais com os eleitores, deixando-os mais dependentes dos líderes. Nada impede a realização de primárias, mas isso significa incentivar o cultivo do voto pessoal dentro do próprio partido, tornando os candidatos menos dependentes da elite partidária, o que contraria um dos objetivos principais da lista fechada.

Nos outros sistemas de lista (aberta, flexível, livre), a escolha dos candidatos também pode ser feita por uma elite partidária, mas é de se esperar que, como os eleitores poderão interferir, posteriormente, na colocação final dos nomes, o controle sobre as candidaturas seja menos centralizado.

Shugart (2001) afirma que do mesmo modo que os sistemas eleitorais afetam a concentração ou a dispersão de autoridade entre os partidos (dimensão interpartidária), eles também influenciam a concentração ou a dispersão de poder dentro dos partidos (dimensão intrapartidária). Entretanto, especialmente nos sistemas de voto preferencial, o grau de centralização pode variar muito, e as regras eleitorais apresentam-se como limitados preditores sobre como os partidos controlam o acesso às candidaturas individuais.

Figueiredo e Limongi (2002a, p.307) lembram que, de acordo com a interpretação tradicional, a lista aberta enfraqueceria os partidos porque subtrairia das lideranças os meios (especialmente o controle sobre as candidaturas) que podem ser empregados para punir o comportamento individualista e antipartidário dos políticos.

A lista aberta incapacitaria os líderes de comandarem os partidos e, por isso, seria a origem de uma série de males, tais como a competição intrapartidária, as estratégias de campanha individuais em que o nome do partido não aparece no material de propaganda e as "dobradinhas" de candidatos de chapas diferentes. Esse quadro, supostamente generalizado, minaria a coesão interna das legendas, confundiria os eleitores e enfraqueceria a identificação partidária (Dulci, 2003, p.313-314).

Essa visão negativa teve em Scott Mainwaring um de seus principais divulgadores. Mainwaring (1991) tomou, equivocadamente (como mostramos na seção anterior), a candidatura nata, uma cláusula da legislação eleitoral brasileira – e não o próprio sistema de lista aberta em si –, como uma prova de que os partidos brasileiros não têm o menor controle sobre que candidatos concorrerão sob suas siglas. O autor não considerou que a lista aberta, ou qualquer outro sistema eleitoral, tem uma capacidade limitada de determinar, por si só, o grau com que os partidos adotarão procedimentos mais ou menos centralizados em relação ao acesso dos candidatos à legenda.

O maior exemplo desse efeito limitado é a trajetória do PT. Disputando eleições sob o sistema de lista aberta, o partido se constituiu como uma agremiação disciplinada, que tornou excessivamente alto o preço do individualismo, "através da institucionalização de diversos mecanismos de sanção, inclusive o controle do acesso à legenda e a ameaça de expulsão", o que fortaleceu o partido (Samuels, 1997, p.526).

Nicolau (2006a, p.13) afirma que "a simples escolha de certas regras internas, tais como o incentivo de atividades partidárias entre as eleições, a profissionalização de um grande número de dirigentes, a punição para os deputados que não votam segundo a deliberação da bancada e a obrigatoriedade de contribuição mensal", permitiu que o PT criasse uma estrutura organizacional diferente da dos demais partidos brasileiros.

O sistema partidário da Finlândia também mostra que lista aberta e "partidos fortes" não são incompatíveis.

> "O caso finlandês torna evidente que não podemos formular uma hipótese geral de que sistemas de lista aberta sempre têm efeitos deletérios sobre a construção partidária (...). O sistema partidário (finlandês) é marcado por profundas divisões ideológicas; os partidos são programáticos; as organizações partidárias são fortes" (Mainwaring, 1991, p.46).

De modo análogo, diferentemente da expectativa, sistemas de lista fechada (e também flexível, em que a ordenação da lista partidária prevalece) podem conviver com partidos menos coesos e mais individualistas, como na Áustria, Bélgica, Venezuela (Owens, 2003, p.22), além da Argentina.

Esses casos nos mostram duas situações que desafiam os autores que querem imputar aos sistemas eleitorais um impacto determinante sobre a organização dos partidos: 1) há partidos organizados de modos muito diferentes competindo sob as mesmas regras eleitorais e 2) há sistemas partidários em que todas as agremiações organizam-se de forma "incoerente" considerando os incentivos gerados pelo sistema eleitoral.

Como explicar essa discrepância? A resposta mais direta é que outras variáveis do sistema político, além das regras eleitorais, afetam os partidos, a exemplo do

> "sistema de governo (presidencialismo, parlamentarismo, semi-presidencialismo), a estrutura vertical de poder (federalismo, unitarismo); o processo decisório no interior do legislativo; a legislação partidária; os diferentes 'issues' que dividem a elite política; iniciativas organizacionais específicas de cada partido" (Nicolau, 2006a, p.12).

Isso indica que a importância do sistema eleitoral deve ser relativizada. O grau de centralização das decisões sobre as candidaturas, assim como outros atributos do partido como organização, depende de uma série de fatores.

Não é nosso propósito aqui mostrar quais as variáveis que mais influenciam para que o grau de centralização dos partidos brasileiros seja mais alto do que o assumido pela literatura. Basta enfatizar que, como afirmamos na seção anterior, os partidos têm controle sobre quem se candidata, dispondo de um mecanismo para punir nomes indesejáveis, excluindo-os da lista. Shugart (2001, p.37) reconhece essa característica, dando um escore ao Brasil que corresponde aos sistemas em que os partidos têm controle sobre as candidaturas. Mas, mesmo que não tivessem esse controle, o processo de seleção não é a única arma à disposição da direção partidária para disciplinar os integrantes da agremiação. Os líderes detêm ainda, na arena eleitoral, o controle sobre o horário eleitoral gratuito no rádio e na TV, e, na arena legislativa, concentram direitos parlamentares que garantem em suas mãos a centralização do processo decisório (Figueiredo e Limongi, 1999).

Apesar disso, um dos principais argumentos para se adotar a lista fechada se apóia na idéia de que os partidos brasileiros precisam ser mais "fortes", "consistentes", pois a lista aberta geraria suposta e isoladamente estímulos individualistas perniciosos. O raciocínio parte do pressuposto de que a lista aberta fragiliza os partidos e a lista fechada os fortalece. Além de se basear numa relação causal inexistente entre sistema eleitoral e organização partidária, essa formulação silencia sobre um problema normativo e conceitual de extrema relevância.

A questão que quase nunca se debate é: qual o significado do termo "partidos fortes e consistentes"? Como e para que fortalecer os partidos? Quem, de fato, é fortalecido? Quem se enfraquece quando se fortalecem os partidos?

Fernando Limongi (2003, p.463-465) levanta essa discussão: "O que significa "partidos fortes"? Existe um metro que todos nós saibamos usar para mensurar a vitalidade dos partidos? Isso é assim tão incontroverso?" O autor afirma que a proposta de fortalecer o partido está, tradicionalmente, associada à idéia de restringir a vontade do eleitor.

Comecemos pela seguinte pergunta: o partido deve ser forte em relação a quem? Em primeiro lugar, os partidos podem ser fortes em relação a outros partidos. Advogados dos sistemas majoritários, por exemplo, defendem que as regras eleitorais favoreçam os grandes partidos, para que esses tenham o potencial de obter a maioria das cadeiras do Parlamento, facilitando a governabilidade. Essa noção de "partido forte", que subestima a freqüência com que sistemas multipartidários são governados por coalizões, pertence à dimensão interpartidária.

Mas propostas que pedem pelo fortalecimento dos partidos podem focalizar ainda outros dois objetivos: que a reputação partidária seja mais valorizada pelos cidadãos e que os líderes tenham controle sobre os políticos. Ou seja, as agremiações devem ser "fortes" em relação aos eleitores e em relação aos seus próprios integrantes. Um objetivo estaria ligado ao outro. Para que os eleitores valorizem, se identifiquem com os partidos, esses precisam ser programáticos, ter compromissos em torno de uma plataforma política. Para que isso ocorra, é necessário que os partidos sejam atores coletivos, que seus membros ajam disciplinadamente; e tal coordenação só é possível se os líderes são fortalecidos, dotados de meios para coagir e punir os indisciplinados.

Mas essa conexão é necessária? Será mesmo que, para que os eleitores se sintam identificados com partidos, o poder dos líderes deve ser aumentado? Aumentado em quanto? Sistemas de lista fechada costumam maximizar o poder dos dirigentes partidários às custas da redução do poder do eleitor na hora de votar. Essa desvantagem poderia trazer, por outro lado, uma suposta vantagem: votando só em partidos, o eleitor deveria se sentir mais ligado a algum deles.

Entretanto, como vimos na primeira seção deste capítulo, não há relação comprovada entre um alto nível de identificação partidária e um sistema eleitoral específico. Sistemas muito centrados no partido podem até gerar o efeito contrário, o do sentimento antipartidário.

O problema da lista fechada passa, então, a ser o seguinte: corre o risco de propiciar um alto grau de centralização do poder nos líderes – ao fazer com que o partido seja "forte" em relação aos seus integrantes –, sem que alcance um dos objetivos principais – que os partidos sejam "fortes" em relação aos eleitores. O que o sistema político ganha com isso?

Uns dirão que a lista fechada, ainda assim, tem a vantagem de aumentar a disciplina partidária, forçando os deputados a votarem as matérias legislativas de acordo com a orientação dos líderes de seus partidos. De fato, poderia ser um ganho. No entanto, como mostraremos no próximo capítulo, propostas de reforma que recorrem a esse argumento baseiam-se num falso problema, pois os deputados brasileiros já votam disciplinadamente.

Em resumo, o resultado prático da lista fechada se restringiria ao incremento substancial do poder dos líderes na arena eleitoral. Nesse caso, o que estaria em jogo com a expressão "partidos fortes" é, no fim das contas, o fortalecimento das direções partidárias, que passam a ter o controle pleno sobre as chances de eleição dos candidatos. Logo, a resposta mais direta para a pergunta posta anteriormente sobre quem se fortalece com o sistema de lista fechada é: os líderes. O poder do partido passa a se concentrar nas mãos de uma elite, configurando o fenômeno do caciquismo ou da oligarquização partidária.

Há quem minimize esse perigo, afirmando que, atualmente, os líderes partidários no Brasil "já mandam mesmo". Esse tipo de avaliação tem o mérito de recusar a visão disseminada por certos autores, Mainwaring à frente, de que os partidos brasileiros não dispõem do controle sobre as candidaturas, mas adota o ponto de vista oposto e subestima diferenças importantes. Sob o sistema de lista aberta, os líderes mandam; no entanto, seu poder não é estático. Está sendo periodicamente confrontado pelo resultado eleitoral. Estrelas emergentes surgem das urnas, com expressivas votações, tornando-se potenciais líderes do partido. O cacife eleitoral individual é um fator que torna as relações hierárquicas menos verticais.

No sistema de lista fechada, por sua vez, os candidatos não têm cacife eleitoral para incomodar os líderes. É certo que o grau de oligarquização pode ser amenizado, dependendo do nível de decisão em que a escolha sobre as candidaturas é feita. Se a lista é elaborada por chefes locais ou regionais, a oligarquização é menos concentrada do que quando a lista é ordenada por uma elite partidária nacional. Mas qualquer que seja a direção, ela detém o poder fundamental de controlar o acesso e a posição dos nomes da lista que é organizada na sua seção partidária. Prova disso é a Argentina, onde as listas são feitas nos níveis local, regional e nacional, e há reivindicações por maior democracia interna nos partidos[38].

O caso da Argentina, por sinal, é sintomático. Assim como a Costa Rica, é um dos raros países onde o sistema de lista fechada coexiste com mecanismos diretos de seleção de candidatos, contrapondo-se ao modelo centralizado europeu. O poder de decisão sobre a confecção da lista repousa, por princípio, nos filiados dos partidos argentinos. Contudo, uma série de manobras contribui para a distorção do sistema de primárias. Um líder que queira ser bem-sucedido em sua carreira política depende, quase sempre, da figura que arregimenta e mobiliza eleitores para as disputas internas do partido. É o chamado *puntero*, empresário político que controla um determinado território e que trava uma relação clientelista com os líderes, oferecendo seus serviços em troca de cargos no partido ou no governo. Os *punteros* acumulam e controlam fichas de filiação dos eleitores, e a manipulação dessas fichas tem um papel central quando os líderes decidem evitar a competição interna, apresentando uma única lista de candidatos, por meio de acordos de cúpula. O lugar que os candidatos ocupam na lista também depende, embora não exclusivamente, da capacidade de mobilizar filiados. As fichas, que supostamente representam o cacife dos líderes, servem de moeda de troca na hora de decidir nomes e formar as coalizões no interior do partido. Em 1999, o Ministério do Interior da Argentina contabilizava o impressionante número de 8.137.809 pessoas filiadas a partidos políticos, ou seja, um terço dos eleitores do país (no Brasil, esse percentual gira em torno de um décimo; em 2006, segundo dados do TSE, 9,18% do eleitorado eram filiados a algum partido). A prova de que o engajamento político argentino se baseava numa ficção é que, em alguns distritos, a votação total dos partidos nas eleições chegou a ser menor do que o número de filiados (Pnud, 2002, p.50-53).

---

[38] Artigo "Reforma Política en Argentina: seis propuestas para un debate", de Daniel Zovatto G., publicado no site do Observatorio Electoral Latinoamericano (http://www.observatorioelectoral.org/informes/reforma/?id=0).

O ponto que gostaríamos de ressaltar, no entanto, é que a construção de "partidos fortes" não passa, necessariamente, pela mudança do sistema eleitoral. Partidos são fortalecidos por regras internas, pertinentes à sua própria organização. No sentido que se tem desejado, partidos fortes são aqueles que representam os interesses de grupos de cidadãos e são internamente vibrantes, ou seja, têm procedimentos democráticos para escolher seus líderes e seus candidatos e para debater e desenvolver suas plataformas políticas (Shugart *et al.* 2004, p.4).

Shugart (2001) não oferece uma definição precisa para a expressão "partido forte". Porém, ao estabelecer que o *trade-off* da dimensão intrapartidária é entre "candidatos fortes" e "partidos fortes", vincula o termo, basicamente, à concentração de autoridade nas mãos dos líderes, em contraste com o grau de autonomia dos políticos em relação às agremiações. Para o autor, um sistema político ideal não deve pender demais para qualquer um desses pólos. A lista fechada é o modelo eleitoral que exacerba essa força da direção partidária, seja ela rotulada ou não de oligarquização.

Nosso argumento é que as propostas de reforma eleitoral no Brasil têm sido enviesadas pela obsessão de fortalecer artificialmente os partidos, isto é, reforçando os poderes dos líderes – poderes esses, que, hoje, embora vulneráveis aos resultados das urnas, não são poucos.

CAPÍTULO 3

Efeitos esperados e impactos das listas aberta e fechada na arena legislativa

Parte da literatura costuma relacionar diretamente os incentivos produzidos na arena eleitoral ao comportamento futuro dos legisladores no Parlamento. Candidatos que agiram de modo individualista no processo eleitoral atuariam com a mesma autonomia na arena legislativa. Neste capítulo, mostraremos que os incentivos fornecidos pelas regras eleitorais não bastam para determinar como os parlamentares agirão na casa legislativa. Candidatos individualistas, uma vez eleitos, podem se transformar perfeitamente em deputados que seguem a orientação partidária. Essa transmutação mostra que o efeito do sistema eleitoral, em geral, e das listas aberta e fechada, em particular, é limitado e pode ser neutralizado pelas normas que regulam o processo decisório (Figueiredo e Limongi, 1999).

3.1 – Sobre o deputado

Uma crítica recorrente ao sistema eleitoral brasileiro é que ele não favorece uma maior aproximação entre os eleitores e seus representantes no Parlamento. Esse ponto é levantado, sobretudo, pelos que defendem a introdução do chamado voto distrital, por meio do qual os legisladores representariam pequenas circunscrições eleitorais. Cada deputado seria eleito em um distrito formado, digamos, em média por 250 mil eleitores, o que possibilitaria um vínculo mais próximo com os cidadãos. O sistema distrital aumentaria a responsabilização e a prestação de contas, ou seja, a *accountability*, dos representantes em relação aos representados. Esse efeito não é incontroverso – eleitores de países como Reino Unido e Alemanha, onde há distritalização, têm contato mínimo com os legisladores do Parlamento (Shugart e Carey, 1992; Nicolau, 1993, p.97). De todo modo, considerando que o diagnóstico a respeito dos fracos vínculos entre os eleitores brasileiros e seus deputados federais seja procedente, o sistema de lista fechada é o modelo eleitoral menos indicado para substituir a lista aberta.

A ausência de *accountability* é uma das principais desvantagens da lista fechada. Como não tiveram incentivos na arena eleitoral para cultivar votos pessoais, e sim votos partidários, os deputados devem seus mandatos ao partido e não a um grupo de eleitores específico. Os representantes têm poucos estímulos para manter relações estreitas com os eleitores e satisfazer suas demandas. A prestação de contas é voltada para a direção partidária, pois são os líderes do partido, responsáveis pela organização da lista eleitoral, as pessoas determinantes para o prosseguimento da carreira política do deputado – a direção partidária é que pune ou recompensa. O resultado disso é que os vínculos entre os legisladores e os cidadãos são rarefeitos. Os eleitores desconhecem quem são seus representantes no Parlamento. Essa despersonalização, cuja origem é o voto em lista fechada, cria um vácuo na representação.

Para evitar esse problema e aumentar a *accountability*, países do Leste Europeu adotaram o voto preferencial, seja sob o modelo de lista aberta (Letônia e Polônia) ou flexível (Estônia, Eslováquia e República Tcheca). A escolha, indiretamente, também teve como objetivo remediar a fraqueza dos partidos políticos e a ausência de laços fortes entre a população e as agremiações. Como já ocorrera em países da Europa ocidental, deu-se aos eleitores a escolha de candidatos individuais como forma de reforçar os vínculos entre representantes e representados (Millard e Popescu, 2004, p.8).

Esse recurso ao voto preferencial para estreitar os laços entre os cidadãos e os partidos, tendo os políticos individuais como intermediários, mostra que não há uma oposição pura e simples entre "candidato ou político forte" e "partido forte". Políticos individualmente podem ajudar os partidos a se legitimarem. Ambos têm a função de agregar e atender os interesses da sociedade.

Há uma espécie de divisão do trabalho. Partidos agregam interesses mais amplos e políticos individuais articulam interesses mais restritos, paroquiais. Essa divisão tem a ver com uma das questões centrais no estudo da representação democrática, que é o *trade-off* entre a articulação de temas nacionais e locais (Shugart, 2005b, p.1). O equilíbrio entre a representação nacional e a local é afetado por vários fatores, mas um fator fundamental é o sistema eleitoral e mais especificamente a dimensão intrapartidária. É importante que o sistema incentive o cultivo do voto pessoal para que haja o equilíbrio na representação. Shugart lembra que Pitkin (1967) referiu-se à busca por esse equilíbrio como o "dilema clássico" da representação.

A representação local é maximizada com mais probabilidade em sistemas eleitorais que usam distritos pequenos, e a representação de grandes grupos de interesse é maximizada em sistemas de lista partidária (fechada) nacional (Shugart e Carey, 1992, p.9).

Em alguns sistemas de lista fechada, a prestação de serviços locais ocorre a partir de estratégias ou pressões partidárias (Cain *et al.*, 1987, p.221). Como o atendimento aos interesses paroquiais pode melhorar o desempenho eleitoral do partido como um todo, os partidos precisam desenvolver meios de minimizar a escassez de *accountability*. Uma estratégia é recrutar figuras locais proeminentes para a lista partidária. Prefeitos ou outros políticos locais com forte apoio popular são convidados a integrar a lista, aumentando o apelo eleitoral do partido. Uma vez eleitos, esses representantes locais freqüentemente permanecem sensíveis às demandas locais, especialmente se eles continuam a exercer seus cargos locais (1987, p.221-222). Essa, aliás, é uma possível explicação para que muitas democracias da Europa continental, que utilizam listas fechadas, permitam a acumulação de cargos. Esses notáveis locais se sentem um tanto independentes dos líderes partidários, por acreditarem que contribuem mais com a lista do que a lista com eles.

Essa estratégia, porém, não é eficiente em sistemas de lista fechada ou semifechada com grandes distritos eleitorais. Na Escandinávia, onde os cargos locais são amadores, após as eleições os deputados desistem das funções locais. Os partidos precisam fazer o uso explícito de coerção, ameaçando rebaixar ou excluir o parlamentar da lista.

Na Dinamarca, mesmo sob um sistema de lista flexível, que dá incentivo ao cultivo do voto pessoal, as ameaças não surtiram efeito, pois a composição da lista leva em conta considerações mais importantes, como a acomodação de interesses geográficos. O resultado foi uma espécie de terceirização da representação local, por meio da instituição formal do *ombudsman*.

"A existência do *ombudsman* funciona como um acordo cooperativo entre os partidos, aliviando o problema de ação coletiva: os eleitores recebem serviços que valorizam, mas nenhum partido ou seus candidatos ganham proveito eleitoral. A competição é limitada a outras áreas" (Cain *et al.*, 1987, p.223-224).

Sistemas de lista aberta, por sua vez, permitem, de modo espontâneo, o atendimento desses interesses locais. O modelo de lista aberta possibilita um equilíbrio entre os interesses mais amplos e os mais estreitos, levando vantagem neste "dilema clássico" da representação em relação aos sistemas de lista fechada.

A desvantagem é que, ao incentivar o cultivo de laços pessoais com os eleitores, a lista aberta é mais propícia à troca de favores individuais entre representantes e representados.

O voto pessoal pode ser baseado em atributos – como a ocupação profissional, a experiência e outras características pessoais que diferenciem o político de outros concorrentes individuais ou do partido como um todo – ou em comportamento –, por exemplo, por meio da prestação de favores particularistas ou do patrocínio de emendas clientelistas voltadas para o reduto eleitoral do parlamentar (Shugart, 2005b, p.1). O voto pessoal cultivado em torno do comportamento particularista, clientelista, leva a uma espécie de "*accountability* do mal". Críticos da lista aberta costumam afirmar que o modelo é altamente propenso a práticas clientelistas.

O conceito de clientelismo não é de fácil construção. Mas podemos defini-lo como a troca de voto por vantagens particulares, ou seja, o político oferece bens ou serviços, custeados com recursos públicos ou privados, na expectativa de que o eleitor retribua com o seu voto. Se as vantagens são bancadas com recursos públicos e voltadas a um grupo maior de eleitores de uma área específica, trata-se do que a literatura de língua inglesa chama de *pork barrel*. Esse grupo de cidadãos recebe uma vantagem particular às custas de todos os contribuintes. Os recursos públicos, em vez de serem investidos em políticas universalistas, são alocados em redutos eleitorais, por meio das denominadas políticas distributivistas.

Tem sido tentadora para a literatura de estudos eleitorais a associação entre o sistema de lista aberta, o cultivo do voto pessoal como suposta estratégia dominante e o uso do *pork barrel* (Marenco, 2004). Figueiredo e Limongi (2002a) criticam essa associação, lembrando, em primeiro lugar, que há uma variedade de estratégias adotadas pelos parlamentares brasileiros em busca da reeleição ou de cargos mais altos. Os diferentes tipos de padrão de votação classificados por Barry Ames (apresentados na seção 2.2) mostram que

> "não se pode assumir que, do ponto de vista dos retornos eleitorais buscados, congressistas tenham preferências homogêneas quanto ao tipo de política pública a ser privilegiada. Os políticos têm a seu dispor várias estratégias para obter mandatos representativos e o Congresso é constituído por políticos que perseguem objetivos diversos" (2002a, p.305).

Os quatro padrões de votação – concentrado/dominante, concentrado/compartilhado, disperso/dominante e disperso/compartilhado – geram incentivos distintos e estão distribuídos de modo uniforme entre os parlamentares, segundo análise de Ames que mostra os deputados eleitos em 1991. O próprio Ames, no entanto, acaba enfatizando somente um desses padrões, o de votação concentrada e dominante, para afirmar que o sistema político brasileiro produz políticas clientelistas. O padrão espacial de votação concentrado/dominante, de fato, gera incentivos clientelistas, mas é a base de apenas uma das estratégias eleitorais (2002a, p.311).

Em segundo lugar, os autores afirmam que as baixas taxas de reeleição dos deputados brasileiros – menos de 65% dos que tentam um novo mandato conseguem se reeleger – põem em dúvida a eficiência eleitoral do uso do clientelismo. A ligação entre altas taxas de reeleição e clientelismo foi feita pela literatura norte-americana, ao tentar entender o motivo pelo qual a competição eleitoral estava diminuindo nos distritos dos Estados Unidos, favorecendo os detentores de mandato. O pressuposto é que os mandatários estariam moldando as políticas públicas em torno do *pork barrel* para assegurar a sua reeleição (Figueiredo e Limongi, 2002a, p.311). Por esse modelo, se o clientelismo fosse tão forte no Brasil, seria de se esperar altas taxas de reeleição. Porém, ao que tudo indica, o número de deputados que consegue estabelecer vínculos estáveis com grupos de eleitores capazes de garantir sua reeleição não é muito grande (Figueiredo e Limongi, 2002b, p.357).

Ainda assim, o modelo distributivista americano poderia ser aplicado ao Brasil, caso algum estudo confirmasse que os deputados que aprovam projetos de cunho clientelista formam um grupo de parlamentares com elevadas taxas de reeleição. Pereira e Mueller (2003) buscaram essa confirmação. Seus números mostram que um deputado que consegue executar todas suas emendas tem 26% a mais de chance de ser reeleito do que se não tivesse nenhuma emenda individual executada (2003, p.762).

Esses dados, porém, não mostram a extensão com que os parlamentares utilizam o *pork barrel*. Esse estudo foi feito por Amorim Neto e Santos (2003), que analisaram os tipos de leis propostas e aprovadas pela Câmara. Na amostra com todos os deputados (389) que apresentaram projetos de lei no ano de 1995, verificou-se que apenas 7% deles (28) propuseram pelo menos um projeto do tipo paroquial-benéfico. Isso indica que o fenômeno do clientelismo é muito limitado no que concerne a iniciativas legislativas. Os autores analisaram também todos os 269 projetos apresentados por deputados e transformados em lei entre 1985 e 1999. A maioria (66,5%) dos projetos aprovados pelos deputados abordava questões tópicas de caráter nacional – a minoria tinha caráter individual (4,5%), local (8,6%), regional (1,9%) e setorial (18,6%). Os autores explicam que o clientelismo dos deputados não se reflete em sua produção legislativa porque barreiras constitucionais os impedem de propor leis benéficas transferindo recursos orçamentários para regiões ou clientelas reduzidas. O poder do Congresso Nacional para propor leis de natureza orçamentária e fiscal é muito limitado porque essas são áreas cruciais de políticas públicas em que é fácil beneficiar regiões e clientelas. Logo, mesmo que haja estímulos ao cultivo do voto pessoal em bases paroquiais, a parcela dos deputados que consegue aprovar projetos clientelistas é mínima.

Nicolau (2006a) afirma que boa parte dos estudos dá um passo além, associando o cultivo do voto pessoal ao atendimento a interesses particularistas, clientelistas. "Não existe uma relação necessária entre a lista aberta e o desenvolvimento de atividades do tipo *pork-barrel*" (2006a, p.19). Há inúmeras estratégias para se construir uma reputação pessoal. O retorno eleitoral, afirma o autor, também não se dá, obrigatoriamente, de modo retrospectivo, de acordo com o que o parlamentar fez durante o mandato. Pode ser fruto de apelos eleitorais mais imediatos durante a campanha (2006a, p.26). Além disso, é importante ressaltar que mesmo sistemas de lista fechada não estão imunes ao clientelismo, como demonstram os casos da Venezuela pré-reforma (Crisp e Rey, 2001, p.179) e da Argentina (Pnud, 2002, p.52).

Outro foco de críticas à lista aberta é que ela levaria os deputados a atuarem de modo individualista no Parlamento, fomentando a indisciplina partidária. O argumento flui como de costume: incentivos gerados pela arena eleitoral pautariam o comportamento do deputado na arena legislativa. Ou seja, uma vez que os candidatos supostamente dependem apenas de si para se elegerem, eles desfrutam, como deputados, de uma autonomia em relação aos líderes do partido.

No entanto, do mesmo modo que as regras do processo decisório, tal como estabelecidas no Brasil, impedem que o clientelismo se torne a base das políticas públicas, elas também minimizam o problema da indisciplina partidária. Nesse aspecto, as regras legislativas são instituições tão ou mais importantes que as regras eleitorais para a configuração dos resultados do sistema político. A disciplina partidária tem a ver com a força dos líderes partidários, e essa força é fruto não só de regras eleitorais ou da organização intrapartidária, mas também do desenho das instituições legislativas.

A idéia de que no Brasil os deputados votam de acordo com seus interesses particulares e não em função de diretrizes partidárias – durante muito tempo aceita a partir de uma visão impressionista – foi derrubada pelo trabalho empírico de Figueiredo e Limongi (1999). Os autores analisaram as 675 votações nominais ocorridas na Câmara dos Deputados entre 1989 e 1999 e verificaram que, em média, 89,4% dos parlamentares no plenário haviam votado de acordo com a indicação do líder de seu partido. Isto é, apenas um entre dez legisladores brasileiros vota diferentemente da orientação do partido – uma taxa equivalente aos Parlamentos mais disciplinados do mundo. Logo, o comportamento dos políticos brasileiros é previsível e a unidade de referência que estrutura os trabalhos legislativos são os partidos e não os parlamentares (1999, p.20). Como explicar esse padrão de comportamento?

A alta disciplina partidária é fruto, segundo Figueiredo e Limongi, do alto grau de centralização do processo decisório no Brasil. Essa centralização baseia-se em dois pilares: os enormes poderes legislativos do presidente da República e as prerrogativas parlamentares de que dispõem os líderes partidários. A Constituição de 1988, seguindo tendência do regime militar, ampliou extensamente os poderes legislativos do presidente, em comparação à Constituição de 1946, conferindo-lhe um substancial poder de agenda. O presidente tem iniciativa exclusiva em matérias orçamentárias e veta emendas parlamentares que impliquem a ampliação dos gastos previstos, limitando a ação dos deputados; além disso, tem exclusividade em matérias tributárias e relativas à organização administrativa. Pode solicitar urgência, forçando a apreciação de matéria, por ele apresentada, num prazo de até 45 dias em cada uma das casas. E, acima de tudo, tem o poder de editar medidas provisórias (MPs) – decretos com força de lei, em casos de relevância e urgência. "Um presidente dotado de amplos poderes legislativos é capaz de ditar a agenda de trabalhos legislativos e, dessa forma, induzir parlamentares à cooperação" (1999, p.26). O chefe do Executivo conta ainda com importantes recursos não-legislativos, pois controla o acesso aos postos do governo federal, que ultrapassam os 20 mil cargos.

A centralização do processo decisório no Brasil é reforçada pelo segundo pilar. Os regimentos internos da Câmara dos Deputados e do Senado prescrevem o critério partidário para a distribuição de direitos parlamentares. As cadeiras da Mesa Diretora – centro de poder no Legislativo – e das comissões técnicas (permanentes e especiais) são preenchidos de acordo com princípios de proporcionalidade partidária. Os partidos com maiores bancadas têm direito aos postos mais importantes. Os regimentos conferem aos líderes partidários, eleitos pelas respectivas bancadas, amplas prerrogativas para agir em nome dos interesses do partido. Exemplo disso é o Colégio dos Líderes, que determina, ao lado do presidente da Mesa, a pauta dos trabalhos. "Tomados individualmente, os parlamentares têm escassa capacidade de influenciar o curso dos trabalhos legislativos" (Figueiredo e Limongi, 1999, p.28). As comissões, que poderiam representar um espaço de autonomia individual dos legisladores, como ocorre nos Estados Unidos, são passíveis de intervenção dos líderes. Esses têm a prerrogativa de retirar as matérias das comissões e enviá-las diretamente à votação no plenário (1999, p.29). Isso implica uma pequena participação dos parlamentares na elaboração das leis aprovadas, limitando sua capacidade de apresentar emendas ao projeto. Como não têm autonomia, as comissões não funcionam como fóruns nos quais políticos individuais podem estabelecer reputações pessoais e pedir crédito por realizações independentemente de seus partidos (Carey e Shugart, 1995, p.433). O papel da maioria dos parlamentares, desprovida das prerrogativas dos líderes – o chamado baixo clero –, é praticamente o de se apresentar para votar. As matérias são previamente discutidas e negociadas pelos líderes. A pergunta que se segue é: para parlamentares cujos votos têm o mesmo peso de seus colegas, qual a vantagem de ter sua atuação legislativa limitada em prol do comando dos líderes partidários?

Figueiredo e Limongi explicam que os amplos poderes conferidos aos líderes resolvem um problema de ação coletiva que os parlamentares enfrentam. Como o presidente da República tem um enorme poder de agenda, além de controlar as nomeações para os milhares de cargos do governo federal, preponderando sobre o Legislativo, o poder de barganha dos parlamentares, individualmente, é muito fraco. Para votar a favor de um projeto de interesse do governo, um parlamentar até pode pedir, em troca, a nomeação de correligionários seus para cargos federais, visando aumentar suas chances de reeleição por meio desse recurso à patronagcm. Se o Executivo afirmar que não tem como nomear o correligionário, o parlamentar pode ameaçar, dizendo que vai votar contra o governo. Mas as ameaças individuais dos parlamentares não assustam o Executivo. Para ameaçar o governo, é preciso que os legisladores saibam como seus colegas votarão, precisam agir em grupo. "Reunir-se em torno de partidos é uma solução para esse problema" (1999, p.35). Logo, a melhor maneira de contornar esse problema de coordenação é conceder poderes aos líderes partidários. Uma vez que o partido vote disciplinadamente, todos rumando para o mesmo lado, as ameaças tornam-se realmente preocupantes para o governo. Para usarmos uma expressão de Cox (1987), ao descrever o fenômeno da centralização que se deu no Reino Unido, esse é o "segredo eficiente" brasileiro. O processo decisório centralizado permite que as políticas públicas sejam resultado de uma negociação em termos partidários e não individualista. A alta disciplina partidária é um reflexo dessa centralização.

Se o sistema de lista aberta fornece incentivos para que os deputados se comportem de modo indisciplinado no Parlamento, como é assumido pela literatura, esses estímulos, contudo, são neutralizados pelo arcabouço institucional que rege o processo decisório. Sistemas de lista fechada, de fato, tendem a elevar as taxas de disciplina partidária. Mas, como os parlamentares brasileiros já são disciplinados, esse é um argumento sem fundamento para que se mude o sistema eleitoral em vigor. A idéia de que os partidos brasileiros não são disciplinados é, simplesmente, um mito (Limongi, 2003, p.465).

Esse é o exemplo mais evidente de um argumento utilizado para atacar o sistema de lista aberta que se baseia num falso problema. Entre os problemas centrais do sistema político brasileiro está, não a indisciplina, mas a infidelidade partidária. Entre 1985 e 2001, 28,8% dos deputados mudaram de legenda durante o mandato (Melo, 2003, p.322). Esse troca-troca distorce a noção de representação por partidos. A solução, porém, não passa pela alteração do sistema eleitoral. Sistemas de lista fechada também têm a capacidade de incentivar a mudança de sigla, pois um político descontente, cujo nome foi rebaixado ou excluído da lista, pode buscar uma posição melhor na lista de outro partido. Há até a possibilidade da saída de facções inteiras, levando à criação de novas siglas e à fragmentação partidária, como ocorreu em Israel (Nicolau, 1993, p.38) e na África do Sul.

No país africano, onde a troca de partido foi inicialmente proibida, sob pena de o parlamentar perder o seu mandato, nada menos que 101 deputados do maior partido, o Congresso Nacional Africano (ANC), equivalente a 25% da bancada, renunciaram ao mandato durante a legislatura entre 1994 e 1998, por discordarem das diretrizes da executiva nacional ou porque foram deslocados – nem sempre voluntariamente – para outros cargos. A solução encontrada, ao estilo das negociações de jogadores no futebol europeu, foi criar "janelas de transferências", permitindo a troca partidária em dois períodos a cada legislatura. Na primeira janela de transferência, aberta em março de 2003 e que durou 15 dias, cinco novos partidos foram criados (Gouwns e Mitchell, 2005, p.364).

Para se combater a questão da migração partidária no Brasil, o caminho mais direto passa pela mudança de leis eleitorais específicas – por exemplo, a exigência de um tempo mínimo de permanência maior no partido para que o político concorra às eleições – ou mesmo pela alteração de algumas regras internas do Congresso. Esse é o caso da resolução que estabelece o partido pelo qual o candidato foi eleito e não mais a legenda na qual ele está filiado no começo do ano legislativo como parâmetro para a distribuição proporcional dos cargos da Mesa Diretora e das comissões técnicas. Essa norma entrou em vigor a partir da legislatura que se iniciou em 2007 e prevê a perda dos cargos de direção para quem mudar de partido.

3.2 – Sobre o partido parlamentar

O principal efeito esperado da lista fechada sobre os partidos parlamentares é torná-los mais disciplinados, programáticos, "consistentes". Os líderes controlam os votos dos deputados porque esses devem seu mandato ao partido.

O impacto esperado da lista aberta sobre os partidos no Parlamento é, basicamente, um desdobramento das expectativas em relação ao comportamento dos deputados. Como esses seriam atores que tendem ao individualismo e à indisciplina – pois consideram o mandato uma conquista pessoal –, os partidos parlamentares teriam um papel secundário. Na seção anterior, mostramos que esse raciocínio não encontra respaldo empírico. Os deputados brasileiros são disciplinados e, em média, 90% deles obedecem à orientação dos seus líderes nas votações nominais que ocorrem na Câmara. Logo, os partidos são os principais agentes no processo legislativo. A explicação para isso está na configuração das regras do processo decisório, que neutralizam os incentivos personalistas da arena eleitoral (Figueiredo e Limongi, 1999).

Essa descoberta redirecionou a literatura. Se antes a visão predominante dizia que o sistema partidário brasileiro era essencialmente "subdesenvolvido" (Mainwaring, 1991) ou mesmo que "nenhum país é tão avesso aos partidos como o Brasil" (Sartori, 1996, p.112), hoje os estudos admitem, pelo menos, que os partidos são "fracos" na arena eleitoral e "fortes" na arena legislativa (Pereira e Mueller, 2003). Nosso argumento, neste trabalho, pretende dar um passo além. Os partidos brasileiros não são fracos nem no processo decisório nem no terreno eleitoral, fato que a literatura já começa a reconhecer (Shugart 2001, p.37), como mostramos no capítulo anterior.

Na arena eleitoral, as legendas não são fracas, na medida em que detêm controle sobre as candidaturas e coordenam as estratégias de campanha, e porque as taxas de identificação partidária não são tão baixas em relação à média internacional. Na arena legislativa, a força dos partidos brasileiros – em termos de disciplina partidária e, logo, de influência no processo decisório –

tornou-se incontroversa. Os interesses são agregados em volta dos partidos e não de parlamentares individuais. Os líderes centralizam os trabalhos legislativos em torno de políticas amplas, fazendo com que os projetos paroquiais tenham um papel marginal na Câmara.

Mesmo que os interesses do político estejam direcionados para projetos de caráter clientelista ou para a obtenção de patronagem, sua melhor estratégia é fortalecer o partido, pois só assim terá poder de barganha diante do Executivo (Figueiredo e Limongi, 1999, p.35). No entanto, o fato de os partidos parlamentares serem disciplinados não implica necessariamente que eles também sejam coesos. Enquanto a disciplina partidária depende da coerção, da capacidade de se punirem os desalinhados, a coesão partidária representa certo grau de homogeneidade de preferências entre os políticos da agremiação (Figueiredo e Limongi, 1999, p. 32).

Figueiredo e Limongi, apontando trabalhos de Kinzo (1993) e Tavares e Moya (1997), afirmam que a coesão partidária no Brasil também estaria num patamar mais elevado do que o geralmente assumido pela literatura, embora outros autores ainda duvidem desse diagnóstico. Marenco dos Santos (2000) lembra que a coesão não depende apenas da homogeneidade ideológica, mas do processo de treinamento e da socialização a que são submetidos os integrantes do partido. Ele cita artigo de Diermeier (1995), em que esse autor ressalta que as "normas de deferência podem falhar devido a um grande influxo de novos legisladores mesmo se esses tiverem exatamente as mesmas preferências dos parlamentares que eles vieram a substituir".

Marenco dos Santos argumenta que a coesão depende da assimilação de valores comuns, que gera um estoque de informações compartilhadas. Isso reduz os custos na produção de lealdades políticas futuras e minimiza a necessidade de se recorrer à coerção para se obter a disciplina partidária. Quanto mais heterogêneo o perfil da bancada do partido, maiores os custos de afirmação de uma liderança forte (2000, p.242).

A tese de Marenco dos Santos é que a estrutura de oportunidades no Brasil – por ser baseada num sistema federativo que oferece maior diversidade de rotas para a carreira política em diferentes níveis institucionais – gera altas taxas de renovação parlamentar (em média, 50%). Segundo o autor, isso atrapalha o recrutamento endógeno e dissemina um padrão lateral de recrutamento parlamentar, ou seja, quando os novos deputados conquistam uma cadeira após breve experiência política anterior. O excesso de entrada lateral seria um empecilho para que os partidos invistam em treinamento e socialização de seus membros, inibindo a coesão partidária.

Melo (2000) também questiona se os partidos parlamentares brasileiros são de fato coesos, afirmando que as altas taxas de migração partidária (em média, quase 30% em cada legislatura) desafiam essa noção. Para o autor, o fenômeno da intensa troca de partidos mostra o quanto são fracos os vínculos entre os parlamentares e seus partidos. Contudo, há variações importantes. Partidos de esquerda como o PT, o PCdoB e o PPS podem ser caracterizados como coesos, enquanto os de direita, à exceção do PFL, são usados pelos parlamentares como meros pontos de passagem.

De todo modo, o que o próprio Melo reconhece, o troca-troca de partidos não pode ser usado como um indicador para o grau de coesão partidária. Até porque, há uma tendência de migração para partidos de orientação ideológica semelhante.

O que essas duas críticas à coesão dos partidos brasileiros têm em comum é que elas relacionam fenômenos tidos como negativos na arena legislativa – alta renovação parlamentar (Marenco dos Santos) e alta migração partidária (Melo) – a uma certa fragilidade organizacional das agremiações.

Logo, no que tange o tema deste trabalho, podemos reafirmar o que já dissemos antes sobre a questão da força ou da fraqueza dos partidos. Da mesma maneira que a disciplina partidária, a coesão partidária depende de outras variáveis. Tem mais a ver com o sistema federativo e a organização interna dos partidos do que com as regras eleitorais. Prova disso é que, dentro de um mesmo sistema eleitoral, certas siglas são percebidas como dotadas de maior coesão do que outras.

CAPÍTULO 4

Efeitos esperados e impactos das listas aberta e fechada na arena governamental

A arena governamental tem como principal função a produção de políticas públicas pelo governo, entendido em seu sentido mais amplo, constituído pelos dois poderes, o Executivo e o Legislativo. Embora os efeitos das listas aberta e fechada sejam menos evidentes nessa arena, propostas de reforma eleitoral costumam incluir entre seus objetivos um aperfeiçoamento da governabilidade, que depende em grande medida da relação entre as duas esferas de poder.

Um segmento importante da literatura de ciência política dedica-se à questão da governabilidade. Seus estudos lançam mão de uma série de variáveis, tais como os sistemas de governo, partidário e eleitoral, as regras legislativas e constitucionais, entre outras, para analisar o grau de cooperação entre os poderes Executivo e Legislativo. Este capítulo concentra-se nos possíveis efeitos das regras eleitorais, especialmente as da dimensão intrapartidária, para as relações entre o governo e o Parlamento, sem deixar de levar em conta a influência de outras instituições.

Entre as duas principais funções das eleições, estão a de representar os diversos interesses da sociedade e a de formar um governo efetivo. Esses dois objetivos, como ressaltado no capítulo 1, implicam um *trade-off*: em regra, quanto mais um sistema eleitoral atende o critério da representatividade, menos ele satisfaz o da governabilidade.

O debate sobre os prós e contras desses dois pólos lida com questões referentes à dimensão interpartidária e costuma enfatizar o efeito das normas eleitorais sobre o número de partidos, orientando-se pela lei e pela hipótese de Duverger. Pela lei, regras majoritárias tendem a criar sistemas bipartidários – o que propiciaria a governabilidade, em detrimento da representatividade. Pela hipótese, regras proporcionais tendem a criar sistemas multipartidários – o que favoreceria a representação da população, sob pena de dificultar a governabilidade.

Características da dimensão intrapartidária também podem influenciar, embora de modo menos determinante, as relações Executivo-Legislativo. Do mesmo modo que as regras majoritárias, na dimensão interpartidária, concentram poder em poucos partidos, a lista fechada, na dimensão intrapartidária, gera tendências centrípetas, fortalecendo os líderes e o partido como um ator unitário.

Por sua vez, as regras proporcionais, descentralizadoras de poder, teriam na lista aberta seu equivalente na dimensão intrapartidária. Ao dar a opção ao eleitor de votar em candidatos, a lista aberta incentiva a reputação pessoal e a autonomia dos parlamentares em relação aos partidos, criando focos de poder individual no Parlamento, tornando as relações com o Executivo mais complexas.

Esses são os efeitos esperados. Tanto para a lista fechada quanto para a aberta, o que está por trás dessa capacidade de concentrar ou dispersar poder legislativo tem a ver com a propensão de cada modelo em favorecer ou dificultar a disciplina partidária.

Mas, como vimos no capítulo anterior, se os parlamentares votarão determinada matéria em acordo ou desacordo com a orientação dos líderes de seus partidos, isso não depende exclusivamente dos incentivos gerados pela arena eleitoral. Entre os principais fatores, isso depende da organização interna de cada legenda, das regras internas do Poder Legislativo e das regras constitucionais.

A presença de partidos com altas taxas de disciplina é importante para a governabilidade, na medida em que possibilita ao Executivo saber qual a correlação de forças entre situação e oposição no Parlamento. As relações Executivo-Legislativo são especialmente relevantes em sistemas presidencialistas, pois, como há separação de poderes, o governo pode não ter o apoio legislativo necessário para aprovar seus projetos.

Em sistemas parlamentaristas, em que há fusão de poderes, a obtenção de uma maioria de cadeiras ou de votos no Parlamento é, tipicamente, um pressuposto para a formação e a sobrevivência do governo. Quando o gabinete perde o apoio da maioria numa votação considerada crucial, ele cai[39].

Nos países presidencialistas, a falta de apoio legislativo do governo costuma ser tratada como o problema da "maioria dividida" ou do "governo dividido": a situação domina o Executivo e a oposição controla o Legislativo. Como o governo não cai por falta de maioria, pois o presidente tem um mandato de tempo fixo, visões negativas do presidencialismo enfatizam os riscos de ineficiência, barganhas, paralisia, conflito entre os dois poderes e quebra do regime democrático, quando ocorre essa divisão. Entre os principais críticos do presidencialismo, estão Linz e Valenzuela.

Outros autores (Mainwaring, 1993; Jones, 1995) tentaram demonstrar que o problema não seria do sistema de governo em si, mas da "difícil combinação" entre presidencialismo e multipartidarismo, pois, em um quadro partidário fragmentado, a probabilidade de o partido do presidente não ter a maioria das cadeiras no Parlamento é muito maior que em um sistema de poucos partidos. Como a existência de vários partidos está associada a regras de representação proporcional, esses autores encontraram no sistema eleitoral o vilão da governabilidade em regimes presidenciais.

Um desdobramento desse argumento aponta para uma combinação supostamente ainda mais maléfica: presidencialismo, regras proporcionais e voto preferencial – exatamente a situação do Brasil, que tem sistema de governo presidencialista e representação proporcional de lista aberta. Esse conjunto de instituições resultaria no comportamento individualista dos deputados, na indisciplina partidária e na imprevisibilidade do comportamento dos partidos em plenário, levando à ingovernabilidade.

---

[39] Existem exceções. Na Alemanha, por exemplo, há o voto construtivo de desconfiança, ou seja, o gabinete só pode cair se for aprovado, simultaneamente, um novo governo para substituí-lo.

A literatura recente tem mostrado, porém, que a cooperação Executivo-Legislativo nos sistemas presidencialistas funciona muito mais a contento do que se imagina, a despeito do sistema eleitoral proporcional e do conseqüente multipartidarismo. O recurso a coalizões executivas (quando outras legendas, além do partido do presidente, participam do governo) e legislativas (quando as alianças não prevêem cargos no executivo e são feitas *ad hoc*, a cada votação no Congresso), embora menos freqüente que no parlamentarismo, é utilizado numa extensão bem maior do que se supunha. Sistemas presidencialistas dão menos incentivos à formação de coalizões do que os parlamentaristas, pois, com a separação dos poderes, o presidente permanece como chefe de governo mesmo quando sofre a oposição da maioria do Congresso. Apesar disso, quando o partido do presidente não controla a maioria das cadeiras, as coalizões de governo ocorrem em mais da metade do tempo (53,6%) – enquanto nos regimes parlamentaristas as coalizões se dão em 78,1% das situações em que o partido vencedor não obtém a maioria das cadeiras (Cheibub *et al.*, 2004). Isso mostra que a interdependência entre os dois poderes no presidencialismo é maior do que a esperada.

O problema dos estudos sobre governabilidade nos anos 90, como afirma Negretto (2003, p.6), foi o de usar uma medida muito crua – o percentual de cadeiras do partido do presidente no Congresso – para fazer previsões sobre o desempenho dos governos presidencialistas. Para o autor, a governabilidade depende de uma série de outros fatores, como a localização do partido do presidente no arco ideológico, da força de veto do Executivo e da formação de coalizões executivas.

Desconsiderando o presidencialismo, as regras proporcionais e o multipartidarismo como instituições deletérias, resta saber ainda se há alguma relação entre lista aberta e ingovernabilidade. Se o ponto em questão é o potencial da lista aberta em gerar indisciplina partidária e excesso de barganhas entre os parlamentares e o Executivo, podemos dizer que ele existe, mas, como já demonstrado em algumas passagens deste trabalho, ele é neutralizado. Por causa da centralização do processo decisório, os deputados não têm força para ameaçar, individualmente, o governo. Precisam agir em grupo, em partidos.

Nestas condições, a lista aberta é tão adequada para se combinar com o presidencialismo quanto a lista fechada que, nos anos 90, foi considerada uma das variáveis eleitorais da combinação "certa" para a governabilidade. Segundo alguns autores, a melhor combinação seria formada pelo sistema majoritário, pela regra da maioria simples para a eleição presidencial e pelo sistema proporcional de lista fechada com distritos de magnitude moderada para a eleição dos legisladores, com ambas as eleições ocorrendo simultaneamente (Negretto 2003, p.4).

Santos (2003) aborda a questão da governabilidade sob o sistema de lista aberta a partir de um outro ângulo. O seu argumento é desenvolvido, como o próprio autor define, em "linha diametralmente oposta àquela seguida pela literatura que percebe o sistema eleitoral brasileiro como obstáculo à governabilidade" (2003, p.34). Nesse sentido, ele está de acordo com as teses de Figueiredo e Limongi (1999). No entanto, diferentemente desses autores, que enfatizam a arena legislativa, Santos afirma que a governabilidade é "produzida" por incentivos gerados já na arena eleitoral – embora ao custo de dificultar a dinâmica presidencialista de freios e contrapesos. No Brasil, o sistema de lista aberta estaria na origem do fortalecimento dos poderes do presidente da República.

Como o autor chega a essa conclusão, uma vez que a literatura costuma afirmar que a lista aberta produz resultados políticos dispersivos, descentralizantes, individualistas? Em vez de transpor para o contexto brasileiro o modelo do voto pessoal – tão caro à literatura inglesa e norte-americana sobre sistemas majoritários –, Santos monta um modelo de comportamento eleitoral para sistemas em que há transferência maciça de votos no interior das listas proporcionais, como é o caso da lista aberta. Sua tese parte da idéia de que, no Brasil, a maioria dos deputados não se elege apenas com votos próprios e depende da transferência de votos obtidos pelos demais candidatos da lista. Por causa disso, os deputados brasileiros careceriam de informações a respeito dos eleitores que, de fato, o elegeram – o que não acontece nos sistemas de maioria simples, em que os parlamentares eleitos têm noção clara sobre as demandas dos eleitores, circunscritos a um distrito pequeno e delimitado. Como no Brasil os deputados são eleitos em distritos de alta magnitude e, ainda por cima, há transferência de votos, nossos legisladores teriam uma base eleitoral desconhecida, virtual.

Não obstante, os parlamentares brasileiros precisam encontrar um modo de sinalizar para os eleitores do distrito qual o seu posicionamento diante de questões da agenda pública. Sob estas condições, o presidente da República torna-se o intermediário da *accountability* entre o representante e sua base. "Quanto mais liberdade o Executivo tem para governar, maior será o valor informacional do posicionamento dos representantes *vis-à-vis* à agenda governamental" (2003, p.34). Ou seja, a maneira mais eficaz de o deputado se posicionar em relação ao eleitorado de seu distrito é estar a favor ou contra as políticas do governo, mas, para que isso ocorra, o Executivo deve ter facilidade para aprovar seus projetos. Essa teria sido uma das razões pelas quais o Legislativo concedeu, na Constituição de 1988, tantos poderes ao presidente da República. No entanto, afirma Santos, essa transferência de poderes para o governo acaba traindo os princípios do presidencialismo tal como arquitetado por seus criadores, que imaginaram um sistema político de freios e contrapesos, baseado na noção de agenda compartilhada entre Executivo e Legislativo.

No que tange o objetivo deste trabalho, contudo, o importante a ressaltar é que afirmações de que o sistema de lista aberta incentiva, irremediavelmente, a ingovernabilidade baseiam-se em uma noção sem fundamento empírico.

CONCLUSÕES

Este trabalho procurou fazer o diagnóstico dos efeitos do sistema de lista aberta, adotado no Brasil, e dos possíveis impactos que o modelo de lista fechada, proposto para substituí-lo, exerceria sobre o sistema político do país. As perguntas que orientaram a pesquisa foram: quais os vícios e virtudes do sistema eleitoral em vigor? Quais os custos e benefícios de uma mudança em direção ao modelo sugerido? A lista fechada seria uma boa opção de reforma?

A resposta à primeira questão mostrou que muitas das críticas voltadas à lista aberta não se sustentam empiricamente. As mazelas atribuídas ao sistema eleitoral brasileiro poderiam ser agrupadas em duas categorias principais: 1) as que não são, a rigor, um problema; e 2) as que têm fraca ou nenhuma relação com a instituição vigente.

A primeira categoria inclui falsos problemas associados às três arenas políticas analisadas ao longo do trabalho: a eleitoral, a legislativa e a governamental. Na arena eleitoral, vimos que as críticas que afirmam que a lista aberta estimularia uma excessiva competição entre candidatos do mesmo partido desconsideram aspectos importantes, tais como: a) a lista aberta fornece incentivos estruturais à solidariedade partidária, uma vez que o primeiro critério de alocação de cadeiras legislativas é o número de votos dados ao partido como um todo, e b) o sistema requer um comportamento racional dos líderes na organização da lista partidária, escolhendo candidatos com perfis de carreira e redutos diferentes.

Na arena legislativa, descrevemos como os incentivos ao comportamento individualista gerados pela lista aberta na arena eleitoral são neutralizados pelas regras legislativas, fazendo com que os parlamentares votem de acordo com a orientação dos líderes de seus partidos. A idéia de que os deputados brasileiros são indisciplinados no Parlamento – pois teriam obtido o mandato graças a esforços pessoais – é um mito, como mostraram Figueiredo e Limongi (1999).

Na arena governamental, como decorrência do mesmo processo de neutralização, observamos que a lista aberta não é um entrave à governabilidade.

Há até quem defenda que o sistema a facilite, embora sob pena de trair o princípio de freios e contrapesos do presidencialismo (Santos 2003).

A segunda categoria refere-se a problemas que, apesar de presentes em alguma medida no sistema político brasileiro, não podem ser atribuídos diretamente à lista aberta. A questão da baixa identificação dos eleitores com os partidos também poderia ser incluída na primeira categoria, pois a taxa brasileira, como mostramos, está acima da média internacional. Mas, partindo do pressuposto de que ela poderia ser mais alta ou mais bem distribuída entre os partidos, o fato é que não existem indícios de que haja uma correlação significativa entre identificação partidária e o tipo de sistema eleitoral (Norris, 2002). A lista aberta – apesar de criticada por impedir a existência de partidos consistentes, ideológicos – não foi obstáculo para que uma agremiação como o PT construísse uma forte imagem partidária e cativasse parte do eleitorado brasileiro, assim como não foi empecilho para que os partidos finlandeses – que também operam sob suas regras – tenham se enraizado em sua sociedade. A despeito do sistema eleitoral, as taxas de identificação partidária dependem de outras variáveis, como clivagens sociais, história política do país e a própria organização interna dos partidos.

Duas mazelas, a corrupção e o clientelismo, também não podem ser apontadas como resultados inevitáveis da lista aberta. Estudos realizados nos últimos anos chegam a resultados muito divergentes ao tentarem relacionar altos níveis de corrupção a determinadas regras eleitorais. A noção de que os deputados brasileiros, majoritariamente, lançam mão de práticas clientelistas, por sua vez, é desafiada, na arena eleitoral, pela existência de diferentes tipos de estratégias eleitorais, e, na arena legislativa, pelas pesquisas que mostram o caráter essencialmente nacional dos projetos de lei executados no Parlamento.

A clara desvantagem da lista aberta, sobretudo em países com distritos de alta magnitude como o Brasil, é o alto custo de informação imposto aos eleitores, uma vez que a decisão do voto envolve a consideração da biografia e das propostas de uma multiplicidade de candidatos, o que pode tornar a escolha menos eficiente. Nada impede, contudo, que essa dificuldade seja superada pela utilização de atalhos, como os partidos políticos. O problema dos custos de informação, por outro lado, traz na sua face reversa uma vantagem: a lista aberta é um sistema que oferece um maior grau de liberdade aos eleitores, que podem interferir na seleção dos candidatos. Essa qualidade – e já respondendo à segunda questão – contrasta com um dos grandes defeitos da lista fechada: a transferência de soberania dos eleitores para os partidos, ou, mais especificamente, para os líderes partidários. O eleitor não pode premiar ou punir os parlamentares individualmente. Ao estabelecer que o cidadão vote apenas em partidos, o sistema de lista fechada desestimula, consideravelmente, o comportamento individualista dos políticos e a competição intrapartidária durante o processo eleitoral (embora não no período pré-eleitoral) – o que pode ser tomado como uma vantagem. O preço pago, porém, é o de reduzir a prestação de contas (*accountability*) dos legisladores, cujo reduto eleitoral, na prática, passa a ser o partido. Suas ações voltam-se para a satisfação dos interesses de quem decide sobre o seu futuro político: os dirigentes partidários. A falta de *accountability* foi um dos fatores que levaram países como Venezuela, Bolívia e Equador a abandonar a lista fechada em direção a sistemas de representação mais personalizada.

Defensores da lista fechada argumentam que, em compensação pela ausência de *accountability*, o sistema propicia o fortalecimento dos partidos. Como mostramos, essa expressão requer uma qualificação: o que significa fortalecer os partidos? Seria reforçar a imagem das legendas junto à sociedade? Nesse aspecto, a lista fechada não é uma garantia de que os eleitores terão uma atitude favorável em relação às agremiações políticas. Inversamente, ela traz os riscos de se gerar o efeito oposto: o do sentimento antipartidário. Uma vez que os partidos monopolizam a representação, se os cidadãos percebem a classe política, como um todo, indiferente às suas demandas ou mesmo corrupta, o descontentamento só tem um alvo, os partidos, abalando mais facilmente a legitimidade do regime. A experiência venezuelana ilustra bem esse processo. Fortalecer os partidos, por sua vez, também pode significar o aumento dos mecanismos de sanção à disposição da direção partidária. De fato, essa é uma das características principais dos sistemas de lista fechada: líderes fortes. Isso, porém, cria o contexto para o estabelecimento de oligarquias partidárias.

O fenômeno da oligarquização, embora possa ser restringido pela descentralização em torno de chefes regionais e locais, está entre as conseqüências mais negativas do sistema de lista fechada. Esses são os custos.

Quais, então, seriam os benefícios da lista fechada? Além de acarretar menos custos de informação para o eleitor e, possivelmente, gastos de campanha mais baixos, a vantagem da lista fechada talvez mais incontroversa seja a de gerar altos níveis de disciplina partidária – pois a obediência à orientação dos líderes, nas votações no Parlamento, é um pressuposto para que os parlamentares se mantenham nas melhores posições da lista eleitoral do partido. Essa lealdade torna o comportamento dos legisladores mais previsível e fornece condições para a governabilidade.

No caso do Brasil, entretanto, esse benefício deve ser anulado dos cálculos de uma reforma político-eleitoral porque a indisciplina partidária é um mal inexistente; faz parte, como mostramos, da categoria dos falsos problemas associados à lista aberta. Essa constatação nos dá subsídios para responder à terceira e última pergunta, cujo objetivo é prescritivo: a reforma para o sistema de lista fechada seria recomendável?

A análise das duas primeiras respostas – ou seja, o exame das supostas mazelas do sistema atual e das vantagens e desvantagens do modelo proposto – nos permite afirmar que uma mudança para a lista fechada não representaria uma alternativa satisfatória para o sistema político brasileiro. Seus custos mais pesados – a ausência de *accountability*, a tendência à oligarquização partidária e a possibilidade de estimular o sentimento antipartidário –, a nosso ver, superam em demasia os benefícios esperados, que, ademais, ou já são desfrutados sob as regras atuais (como a disciplina partidária) ou, em boa medida, independem do sistema eleitoral em vigor (como a maior identificação dos eleitores com os partidos). Essa conclusão não implica que o sistema de lista aberta esteja livre de defeitos. Eles existem, são percebidos (embora, muitas vezes, numa escala superior ao plano da realidade) e devem ser combatidos. Mas o grande desafio para os reformadores é trabalhar com os remédios e as doses corretas.

BIBLIOGRAFIA

AMES, Barry. (1995), "Electoral Strategy under Open-List Proportional Representation". *American Journal of Political Science*, vol. 39, n° 2, pp. 406-33.

AMORIM NETO, Octavio e SANTOS, Fabiano. (2003), "O Segredo Ineficiente Revisto: O que Propõem e o que Aprovam os Deputados Brasileiros". *Dados*, vol. 46, n° 4, pp. 661-698.

BARKER, Fiona; BOSTON, Jonathan; LEVINE, Stephen; McLEAY, Elizabeth; ROBERTS, Nigel S. (2001), "An Initial Assessment of the Consequences of MMP in New Zealand", *in* M. S. Shugart e M. Wattenberg (eds.), *Mixed-Member Electoral Systems – The Best of Both Worlds?*. Oxford, Oxford University Press.

BLAIS, André e MASSICOTTE, Louis. (2002), "Electoral Systems", *in* L. LeDuc, R. G. Niemi e P. Norris (eds.), *Comparing Democracies 2 – New Challenges in the Study of Elections and Voting*. London, Sage.

CAIN, Bruce; FEREJOHN, John; FIORINA, Morris. (1987), *The Personal Vote – Constituency Service and Electoral Independence*. Cambridge, Harvard University Press.

CAREY, John M. e SHUGART, Matthew S. (1995), "Incentives to Cultivate a Personal Vote: a Rank Ordering of Electoral Formulas". *Electoral Studies*, vol. 14, n° 4, pp. 417-439.

CHANG, Eric C.C. (2004), "Electoral Incentives for Political Corruption under Open-List Proportional Representation". *The Journal of Politics*.

CHEIBUB, José A., PRZEWORSKI, Adam e SAIEGH, Sebastian M. (2004), "Government Coalitions and Legislative Success Under Presidentialism and Parliamentarism". *British Journal of Political Science*, vol. 34, n° 4, pp. 565-587.

COX, Gary W. (1987), *The Efficient Secret – The Cabinet and the Development of Political Parties in Victorian England*. New York, Cambridge University Press.

_____. (1997), *Making Votes Count – Strategic Coordination in the World's Electoral Systems*. Cambridge, Cambridge University Press.

CRISP, Brian F. e REY, Juan Carlos. (2001), "The Sources of Electoral Reform in Venezuela", *in* M. S. Shugart e M. Wattenberg (eds.), *Mixed-Member Electoral Systems – The Best of Both Worlds?*. Oxford, Oxford University Press.

CRISP, Brian F.; MORENO, Erika; SHUGART, Matthew S. (2000), "Bolivarian vs. Consensual Modes of Constitutional Replacement in Latin America in the 1990s." Trabalho para apresentação no encontro da Latin American Studies Association, Miami, Flórida.

D'ALIMONTE, Roberto. (2001), "Mixed Electoral Rules, Partisan Realignment, and Party System Change in Italy", *in* M. S. Shugart e M. Wattenberg (eds.), *Mixed-Member Electoral Systems – The Best of Both Worlds?*. Oxford, Oxford University Press.

DALTON, Russell J.; WATTENBERG, Martin P. (2000), "Unthinkable Democracy: Political Change in Advanced Industrial Democracies", *in* R. J. Dalton e M. P. Wattenberg (eds.), *Parties without Partisans: Political Change in Advanced Industrial Democracies*. Oxford, Oxford University Press.

DIERMEIER, Daniel. (1995), "Commitment, Deference and Legislative Institutions". *American Political Science Review*, vol. 89, n° 2, pp. 344-355.

DULCI, Otávio S. (2003), "A Incômoda Questão dos Partidos no Brasil: Notas para o Debate da Reforma Política", *in* M. V. Benevides, P. Vannuchi e F. Kerche (orgs.), *Reforma Política e Cidadania*. São Paulo, Editora Fundação Perseu Abramo.

DUVERGER, Maurice. (1951), *Les Partis Politiques*. Paris, A. Colin.

FARRELL, David M. (2001), *Electoral Systems – A Comparative Introduction*. Basingstoke, Palgrave.

FIGUEIREDO, Argelina. (2005), "Notas sobre a Reforma Política". Manuscrito.

_____ e LIMONGI, Fernando. (1999), *Executivo e Legislativo na Nova Ordem Constitucional*. Rio de Janeiro, FGV.

_____. (2002a), "Incentivos Eleitorais, Partidos e Política Orçamentária". *Dados*, vol. 45, n°. 2, pp. 303-339.

_____. (2002b), "Liderazgos Políticos en la Cámara de Diputados del Brasil", *in* W. Hofmeister (org.), *Liderazgo político em América Latina – 'Dadme un balcón y el país es mío'*. Rio de Janeiro, Fundação Konrad Adenauer.

GALLAGHER, Michael e MITCHELL, Paul. (2005), "Introduction to Electoral Systems", *in* M. Gallagher e P. Mitchell (eds.), *The Politics of Electoral Systems*. New York, Oxford University Press.

GOUWS, Amanda e MITCHELL, Paul. (2005), "South Africa: One Party Dominance Despite Perfect Proportionality", *in* M. Gallagher e P. Mitchell (eds.), *The Politics of Electoral Systems*. New York, Oxford University Press.

JONES, Mark P. (1995), *Electoral Laws and the Survival of Presidential Democracies*. Notre Dame, University of Notre Dame Press.

KATZ, Richard S. (1980), *A Theory of Parties and Electoral Systems*. Baltimore, Johns Hopkins University Press.

KINZO, Maria D. G. (1993), Radiografia do Quadro Partidário Brasileiro. Pesquisa. Fundação Konrad Adenauer.

_____. (2005), "Os Partidos no Eleitorado: Percepções Públicas e Laços Partidários no Brasil". *Revista Brasileira de Ciências Sociais*, vol. 20, n° 57, pp. 65-81.

KUKLINSKI, James (ed). (2001), *Citizens and Politics: Perspectives from Political Psychology*. New York, Cambridge University Press.

KULISHECK, Michael R. e CRISP, Brian F. (2001), "The Legislative Consequences of MMP Electoral Rules in Venezuela", *in* M. S. Shugart e M. Wattenberg (eds.), *Mixed-Member Electoral Systems – The Best of Both Worlds?*. Oxford, Oxford University Press.

KUNICOVÁ, Jana e ROSE-ACKERMAN, Susan. (2005), "Electoral Rules and Constitutional Structures as Constraints on Corruption". *British Journal of Political Science*, vol. 35, n° 4, pp. 573-606.

LEDUC, Lawrence, NIEMI, Richard G. e NORRIS, Pippa. (2002), "Introduction: Comparing Democratic Elections", *in* L. LeDuc, R. G. Niemi e P. Norris (eds.), *Comparing Democracies 2 – New Challenges in the Study of Elections and Voting*. London, Sage.

LEONI, Eduardo, PEREIRA, Carlos e RENNÓ, Lúcio. (2003), "Estratégias para Sobreviver Politicamente: Escolhas de Carreiras na Câmara de Deputados do Brasil". *Opinião Pública*, vol. 9, n° 1, pp. 44-67.

LIMONGI, Fernando. (2003), Mesa "Voto Distrital, Voto Proporcional e Coligações", *in* M. V. Benevides, P. Vannuchi e F. Kerche (orgs.), *Reforma Política e Cidadania*. São Paulo, Editora Fundação Perseu Abramo, pp. 462-466.

LINZ, Juan e VALENZUELA, Arturo (eds.). (1994), *The Failure of Presidential Democracy*. Baltimore, The Johns Hopkins University Press.

LUPIA, Arthur e MCCUBBINS, Mathew D. (1998), *The Democratic Dilemma: Can Citizens Learn What They Need to Know?*. New York, Cambridge.

_____ e POPKIN, Samuel L. (eds.). (2000), *Elements of Reason: Cognition, Choice, and the Bounds of Rationality*. New York, Cambridge University Press.

OWENS, John E. (2003), "Explaining Party Cohesion and Discipline in Democratic Legislatures: Purposiveness and Contexts". *The Journal of Legislative Studies*, vol. 9, nº 4, pp. 12-40.

MAINWARING, Scott. (1991), "Políticos, Partidos e Sistemas Eleitorais – O Brasil numa Perspectiva Comparada". *Novos Estudos Cebrap*, nº 29.

_____. (1993), "Presidentialism, Multipartism, and Democracy: The Difficult Combination". *Comparative Political Studies,* vol. 26, nº 2, 198-228.

_____. (1999), *Rethinking Party Systems in the Third Wave of Democratization: The Case of Brazil*. Stanford, Stanford University Press.

MANIN, Bernard. (1997), *The Principles of Representative Government*. Cambridge, Cambridge University Press.

MANOW, Philip. (2002), "Selecting 'Good Types' and Firing 'Bad Types': The Democratic Efficiency of Electoral Rules, Germany 1949–2002". Manuscrito.

MARENCO DOS SANTOS, André. (2000), *Não se Fazem mais Oligarquias como Antigamente – Recrutamento Parlamentar, Experiência Política e Vínculos Partidários entre Deputados Brasileiros (1946-1998)*. Tese de doutorado, Iuperj, Rio de Janeiro.

_____. "Listas Eleitorais e seus Efeitos sobre a Organização Partidária e Padrões de Recrutamento Legislativo na América Latina". Projeto de pesquisa.

MATUSCHEK, Peter. (2003), "Spain: A Textbook Case of Partitocracy", *in* J. Borchert e J. Zeiss (eds.), *The Political Class in Advanced Democracies*. Oxford, Oxford University Press.

MAYORGA, René A. (2001a), "Electoral Reform in Bolivia: Origins of the Mixed-Member Proportional System", *in* M. S. Shugart e M. Wattenberg (eds.), *Mixed-Member Electoral Systems – The Best of Both Worlds?*. Oxford, Oxford University Press.

_____. (2001b), "The Mixed-Member Proportional System and its Consequences in Bolivia", in M. S. Shugart e M. Wattenberg (eds.), *Mixed-Member Electoral Systems – The Best of Both Worlds?*. Oxford, Oxford University Press.

MELO, Carlos Ranulfo F. (2003), "Migração Partidária na Câmara dos Deputados – Causas, Conseqüências e Possíveis Soluções", in M. V. Benevides, P. Vannuchi e F. Kerche (orgs.), *Reforma Política e Cidadania*. São Paulo, Editora Fundação Perseu Abramo.

MILLARD, Frances e POPESCU, Marina. (2004), "Preference Voting in Post-Communist Europe". Working paper.

NEGRETTO, Gabriel L. (2003), "Minority Presidents and Types of Government in Latin America". Trabalho para apresentação no encontro da Latin American Studies Association, Dallas, Texas.

NICOLAU, Jairo M. (1993), *Sistema Eleitoral e Reforma Política*. Rio de Janeiro, Foglio Editora.

_____. (2002), *História do Voto no Brasil*. Rio de Janeiro, Jorge Zahar Editor.

_____. (2003), "A Reforma da Representação Proporcional", in M. V. Benevides, P. Vannuchi e F. Kerche (orgs.), *Reforma Política e Cidadania*. São Paulo, Editora Fundação Perseu Abramo.

_____. (2005), "Variações sobre a Reforma Eleitoral". *Conjuntura Econômica*, vol. 59, n° 7, pp. 22-23.

_____. (2006a), "O Sistema Eleitoral de Lista Aberta no Brasil". Working paper, n° 70, Centre for Brazilian Studies.

_____. (2006b), "Lista Aberta – Lista Fechada", in L. Avritzer e F. Anastásia (orgs.), *Reforma política no Brasil*. Belo Horizonte, PNUD/Editora UFMG.

_____. (2006c), "Voto Personalizado e Reforma Eleitoral no Brasil", in G. Soares e L. R. Rennó (orgs.), *Reforma Política: Lições da História Recente*. Rio de Janeiro, Editora FGV.

NORRIS, Pippa. (2002), "Electoral Reform and Fragmented Multipartyism – The Mechanical and Psychological Effects of Electoral Systems on Party Systems". Trabalho apresentado na conferência internacional "Reforma Política no Brasil em Perspectiva Comparada", UCAM, Rio de Janeiro.

PEREIRA, Carlos e MUELLER, Bernardo. (2003), "Partidos Fracos na Arena Eleitoral e Partidos Fortes na Arena Legislativa: A Conexão Eleitoral". *Dados*, vol. 46, nº 4, pp. 735-771.

PERSSON, Torsten, TABELLINI, Guido e TREBBI, Francesco. (2003), "Electoral Rules and Corruption". *Journal of the European Economic Association*, vol. 1, nº 4, pp. 958-989.

PITKIN, Hanna F. (1967), *The Concept of Representation*. Berkeley, University of California Press.

PNUD. (2002), *Los 18 Desafíos que Plantea la Realidade Argentina*. Buenos Aires.

SAMUELS, David. (1997), "Determinantes do Voto Partidário em Sistemas Eleitorais Centrados no Candidato: Evidências sobre o Brasil". *Dados*, vol. 40, nº 3, pp. 493-535.

_____. (2001), "When Does Every Penny Count? – Intra-Party Competition and Campaign Finance in Brazil". *Party Politics*, vol. 7, nº 1, pp. 89-102.

_____. (2006), "Sources of Mass Partisanship in Brazil". *Latin American Politics and Society*, vol. 48, nº 2, pp. 1-27.

SANTOS, Fabiano. (2003), *O Poder Legislativo no Presidencialismo de Coalizão*. Belo Horizonte, Editora UFMG.

SARTORI, Giovanni. (1982), *Partidos e Sistemas Partidários*. Rio de Janeiro, Zahar Editores.

_____. (1996), *Engenharia Constitucional – Como Mudam as Constituições*. Brasília, Editora UNB.

SCHMITT, Rogério, PIQUET CARNEIRO, Leandro e KUSCHNIR, Karina. (1999), "Estratégias de Campanha no Horário Gratuito de Propaganda Eleitoral em Eleições Proporcionais". *Dados*, vol. 42, nº 2, pp. 277-301.

SHUGART, Matthew S. (2001), "'Extreme' Electoral Systems and the Appeal of the Mixed-Member Alternative", *in* M. S. Shugart e M. Wattenberg (eds.), *Mixed-Member Electoral Systems – The Best of Both Worlds?*. Oxford, Oxford University Press.

_____. (2005a), "Comparative Electoral Systems Research: The Maturation of a Field and New Challenges Ahead", *in* M. Gallagher e P. Mitchell (eds.). *The Politics of Electoral Systems*. New York, Oxford University Press.

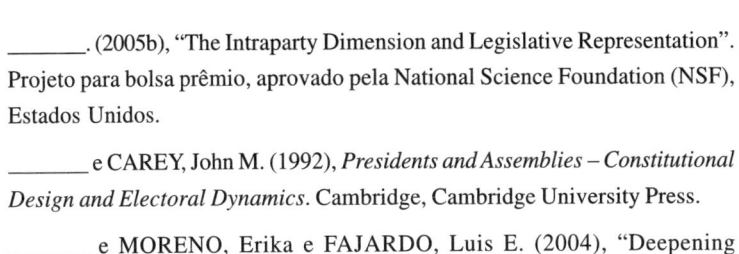

_____. (2005b), "The Intraparty Dimension and Legislative Representation". Projeto para bolsa prêmio, aprovado pela National Science Foundation (NSF), Estados Unidos.

_____ e CAREY, John M. (1992), *Presidents and Assemblies – Constitutional Design and Electoral Dynamics*. Cambridge, Cambridge University Press.

_____ e MORENO, Erika e FAJARDO, Luis E. (2004), "Deepening Democracy by Renovating Political Practices: The Struggle for Electoral Reform in Colombia", *in* C. Welna e G. Gallón (eds.), *Peace, Democracy and Human Rights in Colombia*. Notre Dame, Notre Dame University Press.

_____ e WATTENBERG, Martin. (2001), "Mixed-Member Electoral Systems: A Definition and Typology", *in* M. S. Shugart e M. Wattenberg (eds.), *Mixed-Member Electoral Systems – The Best of Both Worlds?*. Oxford, Oxford University Press.

SOARES, Gláucio A.D. e RENNÓ, Lucio R. (2006), "Projetos de Reforma Política na Câmara dos Deputados", *in* G. Soares e L. R. Rennó (orgs.), *Reforma Política: Lições da História Recente*. Rio de Janeiro, Editora FGV.

TAVARES, Maria Hermínia e MOYA, Maurício. (1997), "A Reforma Negociada: o Congresso e a Política de Privatização". *Revista Brasileira de Ciências Sociais*, vol. 12, nº 34, pp. 119-132.

WEBER, Max. (1971), "A Política como Vocação", *in* H. H. Gerth e C. Wright Mills (orgs.), *Ensaios de Sociologia*. Rio de Janeiro, Zahar Editores.

WESSELS, Bernhard. (1997), "Germany", in P. Norris (ed.), *Passages to Power – Legislative Recruitment in Advanced Democracies*. Cambridge, Cambridge University Press.

THE WORLD BANK. (2002), "Political Institutions and Governance", *in* World Development Report, *Building Institutions for Markets*. New York, Oxford University Press, pp. 105-109.

CARACTERÍSTICAS DESTE LIVRO:
Formato: 14 x 21 cm
Mancha: 10 x 17 cm
Tipologia: Times New Roman 10/14,5
Papel: Ofsete 75g/m² (miolo)
Cartão Supremo 250g/m² (capa)
Impressão: Sermograf
1ª edição: 2007

*Para saber mais sobre nossos títulos e autores,
visite o nosso site:
www.mauad.com.br*